최신 개정 교육과정 반영
초등과학신문

최신 개정 교육과정 반영
초등 과학 신문

초판 1쇄 발행 2024년 8월 28일
초판 3쇄 발행 2025년 1월 22일

지은이 김선호

발행인 장상진
발행처 (주)경향비피
등록번호 제2012-000228호
등록일자 2012년 7월 2일

주소 서울시 영등포구 양평동 2가 37-1번지 동아프라임밸리 507-508호
전화 1644-5613 | **팩스** 02) 304-5613

ⓒ김선호

ISBN 978-89-6952-591-8 73400

· 값은 표지에 있습니다.
· 파본은 구입하신 서점에서 바꿔드립니다.

---

1. 제품명 : 초등 과학 신문 2. 제조자명 : 경향BP
3. 주소 : 서울시 영등포구 양평동 2가 37-1번지 동아프라임밸리 507호
4. 전화번호 : 1644-5613 5. 제조국 : 대한민국
6. 사용연령 : 6세 이상 7. 제조연월 : 2024년 8월
8. 취급상 주의사항
   - 종이에 베이거나 긁히지 않도록 조심하세요.
   - 책 모서리가 날카로우니 던지거나 떨어뜨리지 마세요.

최신 개정 교육과정 반영
초등 과학 신문

- 메타적 사고 학습
- 창의 융합 교육
- 자기주도적 사고 역량 강화
- 문제해결 능력 향상

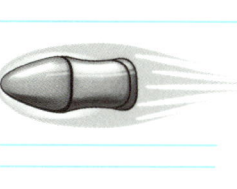

김선호 지음

경향BP

 머리말

"소변으로 만든 비누를 사러 가요."

소변으로 만든 비누가 있다는 사실을 알고 있나요? 소변 비누로 세수하면 어떤 기분이 들까요. 냄새가 나지 않을까요? 그런데 없어서 못 팔 정도로 인기가 많다고 해요.

삼겹살 먹고 남은 돼지기름을 넣고 자동차가 달릴 수 있다는 사실을 알고 있나요? 환경을 생각해서 삼겹살 기름을 재활용하는 연구를 하고 있대요. 언젠가 돼지기름을 모아서 주유소에 가져가면 돈을 받고 팔 수 있을지도 몰라요.

한밤중에 스스로 빛을 내는 식물을 만들었어요. 유전자 연구를 통해서 만들었다고 해요. 그 식물을 방에 두면 밤에 잠잘 때 은은한 빛으로 마음을 편안하게 해 줄 수 있을 것 같아요. 거리의 가로수를 빛을 내는 식물로 심으면 깜깜한 밤에도 산책할 때 무섭지 않겠네요.

우리가 모르는 신기하고 재미있는 과학 연구가 세상 곳곳에서 이루어지고 있답니다. 실패도 하고 시간도 많이 걸리지만 상상한 것을 현실로 만드는 마술을 '과학'을 통해 이루고 있어요.

꿈을 이루고 도전하는 재미있는 과학 이야기를 가득 담았어요. 한번 읽기 시작하면 멈추기 어려울 거예요. 이 책을 다 읽을 때면 과학 지식도 쌓고, 생각도 깊어지는 나를 느낄 수 있을 거예요. 여러분의 꿈을 응원해요.

사이다쌤 김선호

이 책의 구성

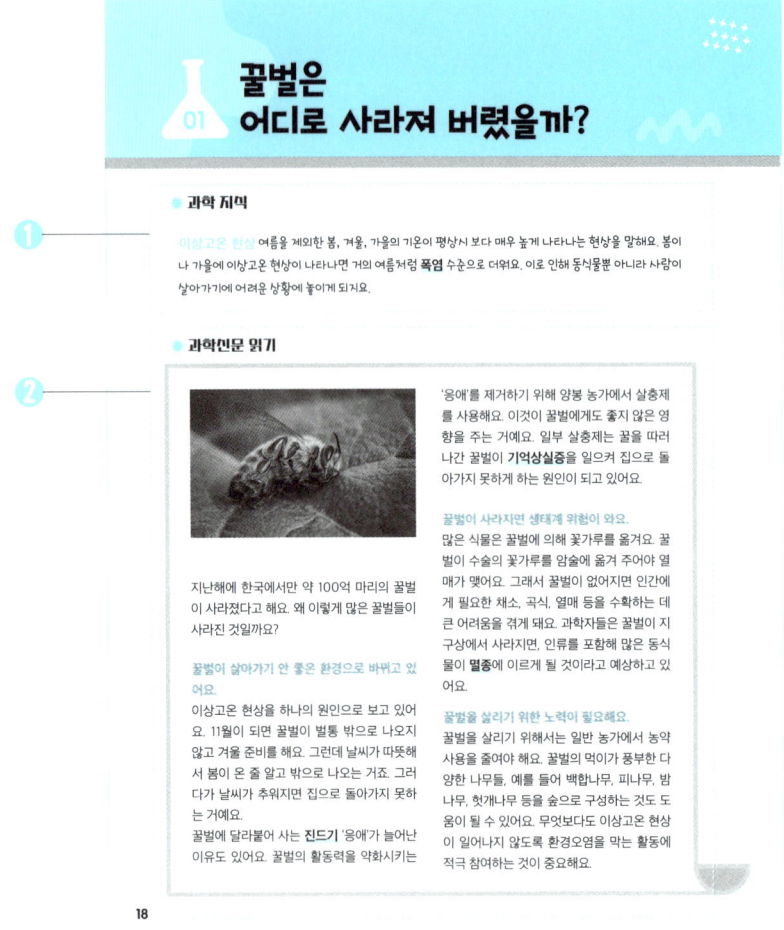

❶ 과학지식

과학신문 본문 내용에 대한 배경지식 키워드를 알려 줘요. 사회 과학 탐구 분야의 다양한 고차원적 용어를 알게 해 준답니다. 문해력을 증진시키는 중요한 부분 중 하나는 여러 가지 복합 현상을 설명하는 핵심 키워드를 체득하는 데 있어요. '과학 지식'을 통해 높은 문해력을 갖출 수 있어요.

❷ 과학신문 읽기

과학 분야 신문을 초등학생들의 언어와 사고 구성에 적합하게 바꾸어 설명하고 있어요. 특히 단순히 정보를 전달하는 내용이 아닌 본문 서두에 질문 형식을 통해 신문의 본론을 찾아 읽고 싶은 동기를 자극하지요. 과학적 시사뿐 아니라 현대 과학이 어떤 흐름과 관심을 갖고 발전해 나가고 있는지 알 수 있어요.

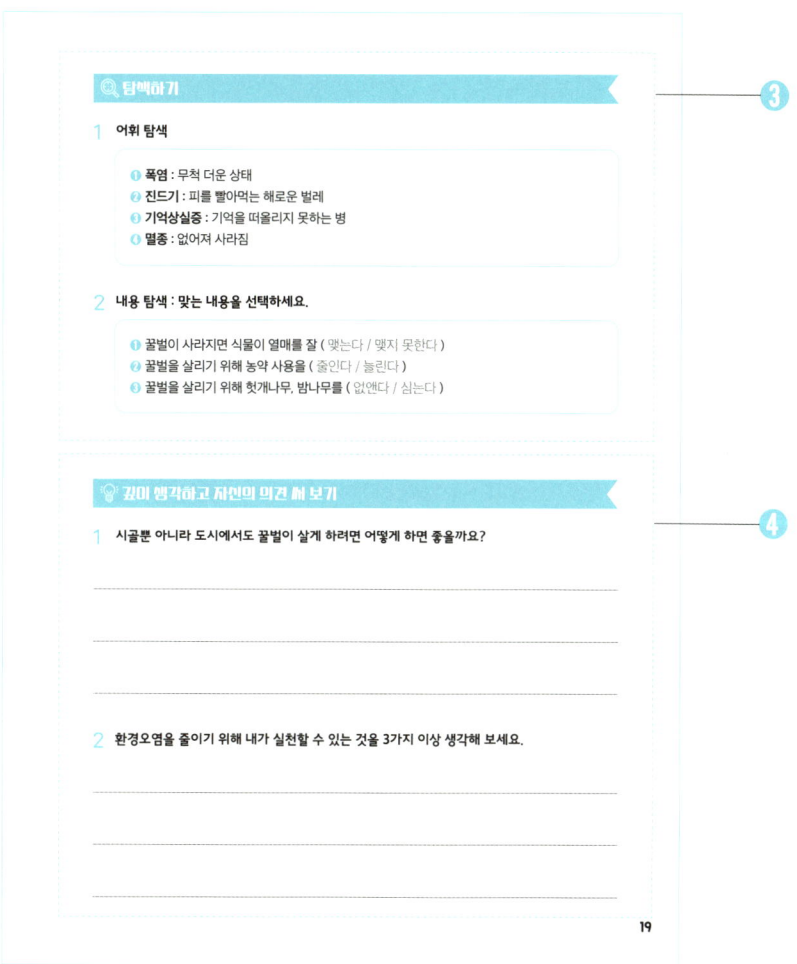

❸ 탐색하기

어휘 탐색과 내용 탐색을 통해 본문의 완전한 이해를 도와주어요. 신문을 읽다가 모르는 어휘에 대해 바로 찾아볼 수 있어요. 내용 탐색을 통해 본문 내용의 중요한 부분을 오랫동안 기억할 수 있어요. 내용 탐색을 먼저 읽고 본문을 읽는다면 글을 읽으면서 중심문장을 찾을 수 있어요.

❹ 깊이 생각하고 자신의 의견 써 보기

과학 이야기를 현실과 연결시키는 사고력을 길러 주어요. 창의적으로 문제를 해결하는 능력을 갖추는 질문들로 구성되어 있어요. 본문 내용을 통해 문해력을 높이고, 사고력 질문에 대한 답을 하면서 깊이 생각하는 기회를 마련해 보세요.

이 책을 읽는 만점 활용법

> ★ **제목만 읽고 어떤 내용일지 예상해 보아요.**

과학적으로 생각하는 첫 번째 단계는 '예상하기'입니다. 어떤 물건, 사건, 상황 등을 통해 앞으로 어떻게 될 것인지 논리적으로 상상해 보는 것이지요. '예상하기'를 하려면 2가지 방식을 거쳐야 해요.

① 제목과 관련되어 내가 알고 있는 배경지식을 떠올려 보세요. 예를 들어 제목에 '꿀벌'이 나오면, 내가 알고 있는 꿀벌에 대한 지식(벌침, 꿀을 모음, 여왕벌 등)을 떠올려 보는 거예요. 어떤 글을 읽을 때 내가 가지고 있는 배경지식을 꺼내면 이해가 더 쉬워져요.

② 제목에서 표현된 '사건'을 다양한 시선으로 해석해 보세요. 예를 들어 '꿀벌이 사라지다'라는 제목이면, '사라졌다고? 그러면 죽었다는 뜻일까? 아니면 어디 숨어서 안 보인다는 뜻일까?' 이렇게요. 가능한 다양한 관점을 열어 놓고 글을 읽으면 비판적 시선을 유지할 수 있어요.

★ 본문보다 '내용 탐색' 질문을 먼저 읽어요.

'과학 신문'을 읽기 전에 오른쪽에 있는 '내용 탐색' 질문을 먼저 읽어요. 질문을 먼저 읽으면 글을 읽을 때 집중을 더 잘할 수 있어요.

　질문을 읽으면 나의 마음속에 목표가 생겨요. 이 목표를 지향점이라고 해요. 마치 숨은그림찾기와 비슷해요. 숨은그림찾기를 할 때 그림에서 찾아야 할 물건을 먼저 떠올리고 그림 속에서 찾지요. 마찬가지로 과학 신문을 읽기 전에 질문을 먼저 읽으면 중요한 내용을 더 잘 기억하게 되어 있어요.

　질문을 먼저 읽으면 좋은 점이 또 있어요. 글의 중심문장을 찾는 능력이 길러져요. 질문에 대한 해답이 바로 글의 중심문장이 되거든요. 질문 없이 글을 읽으면 읽을 때는 재미있지만 나중에 기억에 남는 것이 별로 없답니다. 하지만 질문을 먼저 읽고 글을 읽으면 질문에 대한 답이 오랫동안 기억에 남는 효과가 있어요.

⭐ 일상생활과 연관되는 점을 찾아요.

이 책의 핵심은 맨 마지막 단계 '깊이 생각하고 자신의 의견 써 보기'에 있어요. 다음 이야기가 읽고 싶어서 이 단계를 대충 생각하고 넘어가지 마세요. 정말 중요한 것은 '생각의 깊이'를 더욱 깊게 만드는 것이랍니다.

중요한 건 '과학 신문'의 이야기가 내가 살고 있는 이 세상에 어떻게 더욱 발전된 방향으로 적용할 수 있을지를 고민해 보는 거예요. 이러한 고민을 하면 어떤 어려운 문제를 만나도 두려움이 없어요. 그리고 적극적으로 해결하려는 도전 자세를 키울 수 있지요. 이것을 문제해결력이라고 해요.

'깊이 생각하고 자신의 의견 써 보기'에 나의 의견을 적어 보세요. 길게 적지 않아도 돼요. 그보다는 생각한 것의 핵심 내용을 적으면 돼요. 문제를 해결하려는 과정 속에서 나의 뇌는 창의적인 사고를 하게 된답니다. 여러분의 문제해결력과 창의력을 동시에 높일 수 있어요.

⭐ 차례를 보고 호기심이 생기는 주제부터 읽어요.

이 책은 처음부터 읽을 필요가 없어요. 먼저 차례를 보고 내가 관심 있거나 호기심이 생기는 제목을 찾아요. 그리고 그 내용부터 읽어 보세요. 곤충에 관심이 많다면 관련된 것부터 읽으세요. 우주에 관심이 있다면 우주부터 읽고, 공룡에 관심이 있다면 공룡부터 읽고요.

중요한 건 처음부터 끝까지 다 읽는 것이 아니라 내가 관심 있는 분야를 찾고, 그 분야에 대한 깊이 있는 질문에 대한 답을 스스로 찾는 과정을 즐기는 거예요. 그 과정의 즐거움을 맛보게 되면 그게 바로 과학자다운 자세가 된답니다.

그렇게 관심 있는 것부터 찾아 읽다 보면 내가 무엇을 좋아하고 무엇을 덜 좋아하는지 알게 돼요. 그리고 좋아하는 것과 덜 좋아하는 것을 서로 연결하는 사고력을 갖출 수 있답니다. 이런 것을 융합적 사고라고 해요.

처음부터 끝까지 다 읽는다는 부담을 내려놓고, 내가 좋아하는 것부터 깊이 있게 알아보겠다는 생각으로 읽으세요. 나도 모르는 사이 문해력과 사고력이 깊어지는 것을 느끼게 될 거예요.

차례

머리말	4
이 책의 구성	6
이 책을 읽는 만점 활용법	8

1장
신기한 생물 세상

01	꿀벌은 어디로 사라져 버렸을까?	18
02	흰개미 조상이 바퀴벌레라고?	20
03	남극 빙하 속에 동물이 산다	22
04	두려움을 없애 주는 기생충이 있다	24
05	아프다고 느끼는 것은 전기신호다	26
06	식물도 사람을 알아본다	28
07	뜨거운 방귀를 뀌는 벌레가 있다	30
08	지진이 일어나기 전에 정말 동물들이 먼저 도망갈까?	32
09	새끼에게 젖을 먹여 키우는 곤충이 있다	34
10	무서운 메뚜기	36
11	붉은 독개미 한국에 상륙하다	38
12	입에서 접착제를 내뿜어 사냥하는 벌레가 있다	40
13	매미를 더 시끄럽게 울게 만든 건 바로 사람이다	42
14	새는 공룡이다	44

놀라운 지구, 드넓은 우주

15	산에서 소금을 채취한다	48
16	지구의 많은 물은 어디에서 왔을까?	50
17	백두산이 폭발하면 어떻게 될까?	52
18	우주선에서 감기에 걸리면 어떻게 될까?	54
19	달, 인류 미래 에너지 창고	56
20	소행성이 지구와 충돌한다면	58
21	우주는 원래 하나의 점이었다	60
22	달에 인간이 누고 온 똥이 있다	62
23	태양에서 바람이 분다	64
24	우주인을 도와주는 꿀벌 로봇이 있다	66
25	화성 이주 프로젝트가 시작되다	68
26	우주군이 창설되다	70
27	우주 쓰레기 제거 기술을 연구한다	72

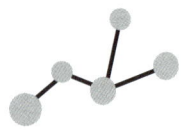

3장

미래과학 – AI, 유전공학, 첨단과학, 친환경

28 사람의 감정을 읽는 인공지능 AI가 나온다   76
29 인간의 뇌를 인공지능과 연결시킨다   78
30 유전자를 이용해 스스로 빛을 내는 식물을 만든다   80
31 몸짱 돼지가 있다   82
32 닭으로 공룡을 만든다   84
33 사람의 뇌를 가진 쥐를 만든다   86
34 드론이 전쟁의 판도를 바꾼다   88
35 고무처럼 길게 늘어나는 텔레비전이 나온다   90
36 지구, 열병에 걸리다   92
37 삼겹살 먹고 남은 돼지기름으로 자동차가 달린다   94
38 소변으로 비누를 만든다   96
39 플라스틱을 먹는 애벌레가 있다   98

4장
호기심 가득, 도전 과학

40 공부도 중독될 수 있다 · **102**
41 팔에 날개를 달면 하늘을 날 수 있을까? · **104**
42 집에서 핵폭탄을 만든 사람이 있다 · **106**
43 총알보다 빠른 자동차가 있다 · **108**
44 우리나라도 석유 수출국이다 · **110**
45 순간 이동하는 기계를 만들 수 있을까? · **112**
46 냄새를 잘 못 맡으면 맛도 잘 느껴지지 않는다 · **114**
47 만약 땀을 흘리지 못하게 된다면 · **116**
48 날아가는 총알을 손으로 잡은 사람이 있다 · **118**
49 아기의 첫 번째 똥은 검은색이다 · **120**
50 사람이 다이아몬드를 만들 수 있다 · **122**

정답 · **124**

1장

신기한 생물 세상

꿀벌은 어디로 사라져 버렸을까?

01

✺ 과학 지식

이상고온 현상 여름을 제외한 봄, 겨울, 가을의 기온이 평상시보다 매우 높게 나타나는 현상을 말해요. 봄이나 가을에 이상고온 현상이 나타나면 거의 여름 **폭염** 수준으로 더워요. 이로 인해 동식물뿐 아니라 사람이 살아가기에 어려운 상황에 놓이게 되지요.

✺ 과학신문 읽기

지난해에 한국에서만 약 100억 마리의 꿀벌이 사라졌다고 해요. 왜 이렇게 많은 꿀벌이 사라진 것일까요?

꿀벌이 살아가기 안 좋은 환경으로 바뀌고 있어요.
이상고온 현상을 하나의 원인으로 보고 있어요. 11월이 되면 꿀벌이 벌통 밖으로 나오지 않고 겨울 준비를 해요. 그런데 날씨가 따뜻해서 봄이 온 줄 알고 밖으로 나오는 거죠. 그러다가 날씨가 추워지면 집으로 돌아가지 못하는 거예요.
꿀벌에 달라붙어 사는 **진드기** '응애'가 늘어난 이유도 있어요. 꿀벌의 활동력을 약화시키는 '응애'를 제거하기 위해 양봉 농가에서 살충제를 사용해요. 이것이 꿀벌에게도 좋지 않은 영향을 주는 거예요. 일부 살충제는 꿀을 따라 나간 꿀벌이 **기억상실증**을 일으켜 집으로 돌아가지 못하게 하는 원인이 되고 있어요.

꿀벌이 사라지면 생태계 위험이 와요.
많은 식물은 꿀벌에 의해 꽃가루를 옮겨요. 꿀벌이 수술의 꽃가루를 암술에 옮겨 주어야 열매가 맺어요. 그래서 꿀벌이 없어지면 인간에게 필요한 채소, 곡식, 열매 등을 수확하는 데 큰 어려움을 겪게 돼요. 과학자들은 꿀벌이 지구상에서 사라지면, 인류를 포함해 많은 동식물이 **멸종**에 이르게 될 것이라고 예상하고 있어요.

꿀벌을 살리기 위한 노력이 필요해요.
꿀벌을 살리기 위해서는 일반 농가에서 농약 사용을 줄여야 해요. 꿀벌의 먹이가 풍부한 다양한 나무들, 예를 들어 백합나무, 피나무, 밤나무, 헛개나무 등을 숲으로 구성하는 것도 도움이 될 수 있어요. 무엇보다도 이상고온 현상이 일어나지 않도록 환경오염을 막는 활동에 적극 참여하는 것이 중요해요.

탐색하기

1 **어휘 탐색**

   ① **폭염** : 무척 더운 상태
   ② **진드기** : 피를 빨아먹는 해로운 벌레
   ③ **기억상실증** : 기억을 떠올리지 못하는 병
   ④ **멸종** : 없어져 사라짐

2 **내용 탐색** : 맞는 내용을 선택하세요.

   ① 꿀벌이 사라지면 식물이 열매를 잘 (맺는다 / 맺지 못한다)
   ② 꿀벌을 살리기 위해 농약 사용을 (줄인다 / 늘린다)
   ③ 꿀벌을 살리기 위해 헛개나무, 밤나무를 (없앤다 / 심는다)

깊이 생각하고 자신의 의견 써 보기

1 **시골뿐 아니라 도시에서도 꿀벌이 살게 하려면 어떻게 하면 좋을까요?**

_____

_____

_____

2 **환경오염을 줄이기 위해 내가 실천할 수 있는 것을 3가지 이상 생각해 보세요.**

_____

_____

_____

02 흰개미 조상이 바퀴벌레라고?

✳ 과학 지식

바퀴벌레 마차 바퀴처럼 빠르게 움직이는 벌레라고 해서 바퀴벌레라는 이름이 붙었어요. 지방에서는 강구벌레라고 불러요. '바퀴'의 사투리가 '강구'거든요. 바퀴벌레는 약 1억 6천 만 년 전부터 지금까지 끈질기게 살아남았어요. 육식 채식 가리지 않는 **잡식**성이에요. 심지어 다른 바퀴벌레의 똥도 먹는답니다.

✳ 과학신문 읽기

최근 한국에서 **외래종** 흰개미가 발견되고 있어요. 흰개미는 주로 나무를 먹고 살아요. 그래서 목조 주택, 가구 등에 큰 피해를 남길 수 있어요.

개미와 흰개미는 사는 집이 달라요.

우선 집짓기부터 차이가 나요. 우리가 자주 볼 수 있는 일반 개미의 경우 주로 땅속에 집을 지어요. 학교 놀이터 화단, 공원, 시골에서 개미굴 입구를 본 기억이 있을 거예요. 하지만 흰개미는 나무를 먹고 살기 때문에 주로 나무를 파고 들어가 집을 짓고 살아가요. **열대지방**에 있는 흰개미 중에는 땅 위에 흙으로 집을 짓기도 해요.

개미와 흰개미는 조상이 달라요.

개미와 흰개미는 친척 사이일 거라고 생각할 수도 있어요. 하지만 개미의 조상과 흰개미의 조상은 출발이 다릅니다. 개미의 조상은 벌이에요. 벌과 개미를 관찰해 보면 비슷한 점이 정말 많아요. 여왕벌이 있고, 여왕개미가 있지요. 함께 무리를 이루는 **군집 생활**을 해요. 흰개미의 조상은 바퀴벌레예요. 특히 바퀴벌레 중에 나무에 굴을 파고 애벌레를 기르는 갑옷바퀴가 먼 조상이라고 해요. 갑옷바퀴는 우리나라 산속에도 살고 있어요. 흰개미와 바퀴벌레 모두 알주머니 속에 알을 낳는 공통점이 있어요.

개미와 흰개미는 서로 친하지 않아요.

흰개미는 주로 나무를 먹어요. 하지만 개미는 육식도 하기 때문에 흰개미 집을 공격하기도 해요. 흰개미의 알과 애벌레를 먹이로 가져가려는 것이지요. 개미가 쳐들어오면 흰개미는 입구를 막아 개미가 못 들어오게 방어를 해요. 개미와 흰개미는 서로 이름만 비슷할 뿐 어쩌면 조상 대대로 원수였을지도 모른답니다.

탐색하기

1 **어휘 탐색**

   ① **잡식** : 고기 및 식물 가리지 않고 먹음
   ② **외래종** : 외국에서 들어온 생명체
   ③ **열대지방** : 1년 내내 더운 지방
   ④ **군집 생활** : 여럿이 함께 모여서 살아감

2 **내용 탐색** : 맞는 내용을 선택하세요.

   ① 개미의 조상은 벌이 (맞다 / 아니다)
   ② 흰개미의 조상은 벌이 (맞다 / 아니다)
   ③ 흰개미는 나무를 (먹는다 / 먹지 않는다)

깊이 생각하고 자신의 의견 써 보기

1 흰개미가 나무 기둥을 먹어서 목조주택에 손상을 주어요. 나무 기둥 속 흰개미를 어떻게 없앨 수 있을지 방법을 생각해 보세요.

2 개미와 흰개미가 서로 사이좋게 지낼 수 있는 방법이 있을지 생각해 보세요.

남극 빙하 속에 동물이 산다

✳ 과학 지식

극한 생명체 과학자들은 극한 지역에서도 끈질기게 살아남는 다양한 생명체를 연구하고 있어요. 빛이 거의 들어오지 않고 압력이 높은 **심해**, 뜨거운 용암과 연기를 내뿜는 화산, 영하 수백℃의 추운 극지방 얼음 속을 연구하지요. 놀랍게도 그런 곳에서도 살고 있는 생명체들이 있다고 해요.

✳ 과학신문 읽기

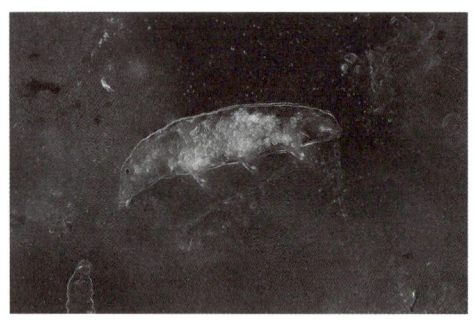

매우 온도가 낮은 남극 빙하 아래에 동물이 살고 있다고 해요. 영하 200℃보다 더 낮은 상태예요. 산소도 거의 없고요.

빙하 속 동물은 무척 느리게 걸어요.

과학자들은 빙하 속에 살고 있는 동물의 이름을 '물곰'이라고 이름 붙였어요. 이름만 들으면 덩치가 엄청 클 것 같지만 매우 작답니다. 약 1mm 정도밖에 되지 않아요. 다리는 8개 또는 16개나 되고요. 무척 느리게 걷는 **완보동물**의 일종이에요. 느리게 걷는 이유는 몸속 에너지를 최대한 아끼려는 것이에요.

한국 극지연구소에서 새로운 물곰을 발견했어요.

남극 세종과학기지 근처 빙하 호수에서 새로운 종류의 물곰을 발견했어요. 그 물곰의 이름을 '닥틸로비오투스 오비뮤탄스'라고 이름 붙였다고 해요. 물곰은 **극한의 생명력**을 지니고 있다고 알려져 있지만, 인간이 키우기에는 무척 까다롭다고 해요. 하지만 한국 극지연구소에서는 새로 발견된 물곰을 실험실에서 **배양**하는 데 성공했어요.

외계생명체에 대한 기대감이 높아졌어요.

극지방 얼음 속에서 오랫동안 살고 있는 물곰 덕분에 우주과학자들이 기뻐하고 있어요. 물곰이 외계생명체를 찾을 수 있는 확률을 높였다고 해요. 산소가 거의 없고 영하 수백℃가 되는 얼음으로 뒤덮인 행성이 많이 있어요. 그 행성들 속에도 생명체가 살 수 있다는 증거가 되기 때문이에요.

탐색하기

1 어휘 탐색

- ① **심해** : 깊은 바다
- ② **완보동물** : 느리게 걷는 동물
- ③ **극한 생명력** : 끈질긴 생명력
- ④ **배양** : 번식하여 키움

2 내용 탐색 : 맞는 내용을 선택하세요.

- ① 극지방 빙하 속에 살고 있는 물곰은 실험실에서 배양하기 (쉽다 / 어렵다)
- ② 우주과학자들은 '물곰'의 발견을 통해 얼음으로 덮인 행성에 외계생명체가 (있을 / 없을) 확률을 높였다고 생각한다.
- ③ 물곰은 엄청 (빠르게 / 느리게) 움직인다.

깊이 생각하고 자신의 의견 써 보기

1 내가 만약 남극에서 새로운 종류의 '물곰'을 발견했다면 어떤 이름을 붙일지 생각해 보세요.

_____

_____

_____

2 과학자들이 극한 생명체를 찾고 연구하는 이유를 무엇이라고 생각하나요?

_____

_____

_____

두려움을 없애 주는 기생충이 있다

✳ 과학 지식

기생충 다른 동물의 몸속에 들어가서 영양분을 빨아먹고 살아가는 벌레를 기생충이라고 해요. 기생충의 종류는 무척 많아요. 사람 몸속에 들어가는 기생충도 있어요. **생고기**를 먹거나 동물의 변을 만지면, 그 안에 있던 기생충 알이 옮겨지기도 해요.

✳ 과학신문 읽기

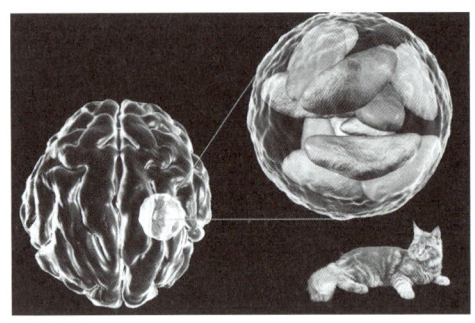

구충제를 먹어 본 적 있나요? 몸속에 숨어 살고 있을지 모르는 기생충을 없애기 위한 약이에요. 일 년에 한두 번 복용하는 것을 권하고 있어요.

많은 야생동물이 기생충에 노출되어 있어요.
산속 야생동물들은 항상 기생충에 노출되어 살아가고 있어요. 자기보다 작은 동물을 잡아먹으면, 잡아먹힌 동물 속에 있던 기생충이 옮겨가기도 해요. 한 마을에서 산에서 잡은 멧돼지를 마을 사람들이 **육회**로 먹고 집단으로 기생충에 **감염**되어 치료를 받은 일도 있어요.

기생충이 동물을 조정하기도 해요.
주로 고양이 몸속에서 기생하고 사는 톡소포자충이라는 기생충이 있어요. 고양이 똥 속에 알이 섞여서 밖으로 나와요. 톡소포자충은 고양이 몸속에 들어가기 위해서 쥐나 토끼의 신경을 조정해요. 예를 들어 톡소포자충에 감염된 쥐나 토끼는 고양이를 무서워하지 않게 돼요. 오히려 고양이 소변 냄새를 좋아하게 되고 그 근처에 더 머물게 된답니다. 그러면 고양이에게 잡아먹히게 되죠. 톡소포자충에 감염된 쥐나 토끼를 잡아먹은 고양이는 결국 기생충에 감염이 되지요.

사람도 톡소포자충에 감염되기도 해요.
많지는 않지만 톡소포자충에 사람이 감염되는 경우도 있어요. 다행히 감염되어도 별 증상이 없거나 약한 감기 증상 같은 정도로 겪고 지나가는 경우가 많아요. 하지만 신체가 건강하지 않거나 면역력이 약한 사람들에게는 위험할 수도 있다고 해요. 기생충학자인 프레그르 교수는 톡소포자충에 감염된 사람의 경우 일반 사람들보다 **조현병**의 발병 확률이 높다고 발표했어요.

탐색하기

1 어휘 탐색

- ❶ **생고기** : 익히지 않은 날고기
- ❷ **육회** : 고기를 익히지 않고 양념한 요리
- ❸ **감염** : 세균, 바이러스 등에 의해 병에 걸림
- ❹ **조현병** : 정신질환 중 하나로 망상, 환청 등 이상한 행동을 보이는 병

2 내용 탐색 : 맞는 내용을 선택하세요.

- ❶ 기생충 감염은 음식을 (날것 / 익힌 것)으로 먹었을 때 잘 걸린다.
- ❷ 톡소포자충에 감염된 쥐는 고양이를 (무서워 / 안 무서워)하게 된다.
- ❸ 산속 야생동물들은 기생충에 감염되는 경우가 (많다 / 거의 없다)

깊이 생각하고 자신의 의견 써 보기

1 평소 기생충에 감염되지 않으려면 어떤 생활 습관을 가져야 할지 생각해 보세요.

_____

_____

_____

2 야생동물들이 기생충에 감염되지 않도록 도와줄 수 있는 방법을 생각해 보세요.

_____

_____

_____

아프다고 느끼는 것은 전기신호다

05

✸ 과학 지식

통증 아픔에 대한 감각 또는 경험을 **통증**이라고 해요. 머리가 아프면 '두통', 배가 아프면 '복통', 이빨이 아프면 '치통', 허리 부위가 아프면 '요통', 이렇게 모두 '통'자가 붙어요. 아픔이 느껴지는 속도는 매우 빨라요.

✸ 과학신문 읽기

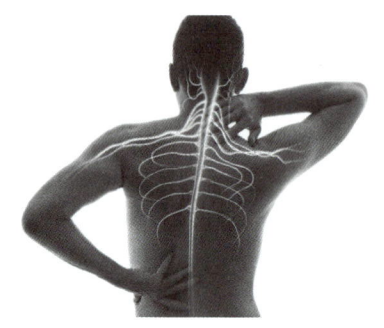

책을 넘기다가 종이에 베인 적이 있지요. 살짝 스치듯 베여 상처는 작지만 순간 쓰라린 아픔이 느껴집니다. 그 정도 베인 것은 아무런 느낌이 없으면 좋겠지만 바로 "앗!" 하면서 통증이 느껴집니다. 통증은 어떻게 그렇게 즉각적으로 느껴지는 걸까요?

통증은 전기신호로 전달돼요.

우리가 느끼는 통증은 사실은 다친 부분이 아픈 게 아니라 뇌가 아프다고 느끼는 거라고 해요. 손가락을 다치면 뇌에서 아프다고 느끼고 빨리 손을 보호하는 반응을 보이게 하는 거죠. 그래서 아프다는 느낌은 최대한 빨리 뇌에 전달되어야 해요. 그래야 다친 상황을 빨리 알아차리고 대비할 수 있겠죠.

전기는 빛의 속도만큼 빨라요.

전기는 이동하는 속도가 **빛의 속도**만큼 빠르다고 해요. 그래서 신체 일부분을 다치면 그것을 전기신호로 바꾸어 거의 동시에 뇌로 전달해요. 그 빠른 전달 능력 덕분에 상처가 나면 바로 통증을 느끼고 그 상황을 피하는 반응을 할 수 있는 거예요.

통증이 늦게 전달되면 생존 확률이 떨어져요.

욕조에 뜨거운 물을 받아 놓았는데 '뜨겁다'라는 통증이 1시간 뒤에 뇌에 전달된다면 어떻게 될까요? 뜨거운 물의 욕조에 들어가서 뜨거운 줄도 모른 채 10분만 앉아 있다가 나와도 온 몸은 이미 **화상**을 입을 거예요. 그렇게 되면 생명이 위험할 수 있어요. 하지만 걱정 마세요. 뜨거운 물에 손가락만 살짝 가져가도 빠른 전기신호 덕분에 우리의 뇌는 바로 알아차리고 찬물을 섞을 거예요. 통증을 느끼는 건 아프지만, 덕분에 위험에서 우리를 구해 주는 착한 느낌이랍니다.

탐색하기

1 어휘 탐색

- ❶ **통증** : 아픈 느낌
- ❷ **빛의 속도** : 1초 동안 지구를 7바퀴 반 도는 속도
- ❸ **화상** : 뜨거운 열에 의한 상처

2 내용 탐색 : 맞는 내용을 선택하세요.

- ❶ 통증이 천천히 전달되면 생명이 (위험해질 수 있다 / 안전해진다)
- ❷ 아프다는 느낌은 (전기신호 / 피)를 통해 전달된다.
- ❸ 전기가 이동하는 속도는 비행기가 이동하는 속도보다 (빠르다 / 느리다)

깊이 생각하고 자신의 의견 써 보기

1 다쳤을 때 아프다는 통증이 아닌 행복하다는 전기신호를 보낸다면 어떤 일이 벌어질지 생각해 보세요.

2 통증이 심하면 진통제를 먹고 아픔을 느끼지 못하게 하는 경우도 있어요. 그런데 치료를 하지 않고 계속 진통제만 먹는다면 어떤 일이 생길까요?

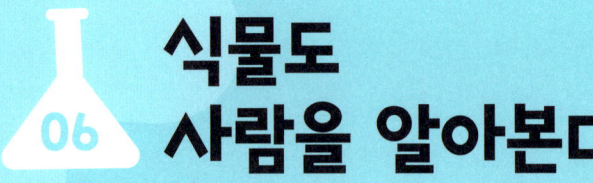

06 식물도 사람을 알아본다

✸ 과학 지식

호르몬 동물이나 식물의 내부에서 중요한 작용을 일으키는 물질을 호르몬이라고 해요. 예를 들어 성장호르몬이 분비되면 동물이나 식물의 키가 쑥쑥 커지게 된답니다.

✸ 과학신문 읽기

식물이 자신을 괴롭힌 사람을 기억하고 반응한다면 믿을 수 있나요? 식물이 자기 잎을 뜯거나, 먹은 사람을 기억하고 그 사람이 다가오면 화학적 물질이나 전기신호를 보낸다는 연구 결과들이 나오고 있어요.

식물은 먹히기 직전에 화학물질을 배출해요.
2018년 위스콘신 대학교 매디슨 캠퍼스에서 학자들이 연구를 했어요. 초식동물이 식물의 잎을 뜯어 먹을 때 식물에서 특정한 화학물질이 나온다는 사실을 알아냈지요. 그 화학물질은 근처에 있는 다른 식물에게 조심하라는 경고를 주는 것이라는 사실도 알아냈어요.

사람의 입 냄새에 반응해요.
농촌진흥청에서 우리가 평소 반찬으로 먹는 몇 가지 나물을 가지고 흥미로운 실험을 했어요. 식물은 **초식동물**에게 먹힐 때 '메틸자스몬네이트'라는 식물 호르몬을 내뿜는다고 해요. 사람들이 먹는 나물의 경우, 인간의 입김에 반응해서 메틸자스몬네이트를 많이 내보냈다고 해요. 한편 사람이 먹지 않는 식물에게 입김을 불었을 때는 화학물질을 조금 배출했다고 해요.

잎을 찢은 사람을 기억한다고 해요.
과학 유튜브 채널 '긱블'에서 식물이 자신의 잎을 찢은 사람에게 반응하는 사실을 실험을 통해 알아냈어요. 4명의 실험자는 1명씩 식물에 다가가 친절한 행동을 했고, 1명의 실험자는 식물에게 다가가 잎을 찢었어요. 실험자들은 며칠 동안 같은 행동을 했어요. 나중에 식물의 잎에 전기신호 반응 장치를 달았어요. 식물에서 평소와 달리 강한 전기신호가 오면 빛이 나는 장치인데요. 이 장치에 전기신호가 오면 장난감 칼을 휘두르는 로봇 팔을 장착했어요. 신기하게도 유독 식물의 잎을 찢은 사람이 다가오면 식물에서 민감하게 전기신호가 잡혔어요. 그 전기신호에 따라 장난감 칼이 움직였어요.

🔍 탐색하기

1 어휘 탐색

① **농촌진흥청** : 농촌의 곡물이나 과일 생산량을 늘리기 위해 연구하고 지원해 주는 공공기관
② **초식동물** : 식물을 먹고 사는 동물

2 내용 탐색 : 맞는 내용을 선택하세요.

① 식물은 동물이 자신을 잡아먹을 때 (소리로 / 화학물질로) 주변에 경고신호를 보낸다.
② 식물이 자신의 잎을 찢은 사람이 다가올 때 (전기신호를 내보낸다 / 아무 반응이 없다)

💡 깊이 생각하고 자신의 의견 써 보기

1 식물에게서 나오는 위험을 알리는 경고신호를 사람의 생활에 유익하게 이용할 수 있는 방법을 생각해 보세요.

_____

_____

_____

2 앞으로 식물을 대할 때 어떻게 행동할지 생각해 보세요.

_____

_____

뜨거운 방귀를 뀌는 벌레가 있다

✸ 과학 지식

딱정벌레 딱딱한 앞날개를 가진 벌레들을 딱정벌레라고 해요. 장수풍뎅이의 앞날개를 만져 본 적 있나요? 무척 딱딱하지요. 장수풍뎅이도 딱정벌레의 일종이랍니다.

✸ 과학신문 읽기

독한 방귀를 뀌어 사자와 같은 맹수로부터 자신을 보호하는 동물로 '스컹크'가 떠오를 거예요. 그런데 비슷한 벌레도 있어요. 신기한 건 이 벌레가 뀌는 방귀는 냄새가 독할 뿐 아니라 무척 뜨겁다고 해요.

순간적으로 고약한 액체와 함께 뜨거운 하얀 연기를 내뿜어요.

'폭탄먼지벌레'를 아나요? 한국의 산에서도 볼 수 있어요. 크기는 약 1.5cm예요. 딱정벌레의 일종인데 주로 밤에 먹이 활동을 하러 돌아다녀요. 자신을 잡아먹으려는 곤충이나 동물로부터 탈출하는 방식이 독특해요. 순간적으로 냄새가 고약한 액체를 폭탄처럼 항문에서 뿜어내지요. 하얀 연기도 **분사**되는데 무척 뜨겁다고 해요.

두꺼비도 폭탄먼지벌레를 삼키지 못하고 뱉어내요.

두꺼비나 개구리는 한순간에 혀를 뻗어서 곤충을 자신의 입속으로 가져가지요. 폭탄먼지벌레는 걱정이 없어요. 두꺼비가 자신을 삼키는 순간 고약하고 뜨거운 방귀를 폭탄처럼 두꺼비 입 속에서 터뜨리거든요. 두꺼비는 꿀꺽 삼키기도 전에 무척 고통스러워하면서 바로 뱉어내 버리지요.

폭탄먼지벌레를 손으로 잡으면 화상을 입을 수 있어요.

폭탄먼지벌레를 손으로 잡으면 폭탄먼지벌레가 위협을 느끼는 순간 터뜨리는 뜨거운 방귀로 인해서 **화상**을 입을 수 있어요. 펄펄 끓는 뜨거운 물이 손에 닿는 듯한 고통을 느낀다고 해요. 실제 폭탄먼지벌레가 쏘는 방귀는 100℃가 넘는다고 해요. 더구나 약 60cm 거리에서도 정확히 맞힐 수 있어요. 만약 폭탄먼지벌레를 채집하려면 꼭 장갑을 착용하고, 기다란 핀셋을 이용하세요. 폭탄먼지벌레를 자세히 보려고 얼굴을 가까이 갖다 대는 건 무척 위험해요. 만약 뜨거운 방귀가 눈에 들어가면 큰일 날 수 있답니다.

탐색하기

1 어휘 탐색

① **분사** : 액체나 기체가 강하게 뿜어져 나가는 현상
② **화상** : 뜨거운 물이나 불에 닿아 생기는 상처

2 내용 탐색 : 맞는 내용을 선택하세요.

① 폭탄먼지벌레가 발사하는 방귀는 무척 (차갑다 / 뜨겁다)
② 폭탄먼지벌레는 (맨손 / 장갑을 착용한 손)으로 잡아야 안전하다.

깊이 생각하고 자신의 의견 써 보기

1 내가 만약 두꺼비라면 어떤 방법으로 폭탄먼지벌레를 잡아먹을 수 있을지 생각해 보세요.

_____

_____

_____

2 만약 사람도 폭탄먼지벌레처럼 뜨거운 방귀를 뀐다면 어떤 일이 벌어질까요?

_____

_____

_____

지진이 일어나기 전에 정말 동물들이 먼저 도망갈까?

✳ 과학 지식

지진 전조 현상 지진이 일어나기 전에 일어난다는 여러 가지 사건을 말해요. 예를 들면 지진이 일어나기 전에 깊은 바닷속 물고기가 바닷가로 떠밀려와 죽었다거나, 갑자기 새들이 일제히 날아올라 하늘을 덮었다거나 하는 현상들이지요. 일반적으로 과학자들은 아직까지 지진을 미리 예측하기는 어렵다고 말해요.

✳ 과학신문 읽기

지진이 일어나기 직전에 동물들의 이상행동을 목격한 사람들은 동물이 먼저 느낀 것 같다고 말해요. 하지만 과학자들은 이러한 이상행동이 지진이 있기 전에 매번 일어나는 것은 아니기 때문에 지진 **전조 현상**이라고 하기에는 과학적 증거가 부족하다고 해요. 누구의 말이 맞을까요?

튀르키예에서 새들이 이상한 행동을 했어요.
2023년 튀르키예에서 **진도** 7.8의 강한 지진이 발생했어요. 안타깝게도 많은 인명 피해가 있었어요. 그런데 SNS에서 지진 직전에 새들이 이상한 행동을 하는 모습이라며 영상이 올라왔어요. 많은 사람이 이 영상을 보고 지진 전조 현상이라고 댓글을 달았어요. 많은 새가 하늘을 날아다니고 높은 나뭇가지 위에 떼 지어 앉아 있는 모습이었지요.

지진 발생 몇 초 전에 개가 먼저 도망갔어요.
2010년 캘리포니아에서 진도 4.5의 지진이 발생했어요. 당시 한 사무실 CCTV에 개의 이상행동이 포착되었어요. 편안하게 앉아 있던 개가 지진 발생 몇 초 전에 갑자기 일어나 사무실 밖으로 뛰어나가는 영상이었어요. 사람들은 지진이 발생하고 나서야 흔들리는 사무실에서 빠져나가기 시작했지요. 어떻게 개는 지진 발생 몇 초 전에 미리 알고 달려 나가기 시작했을까요?

두꺼비떼가 이동하는 모습이 관찰되었어요.
2008년 중국 쓰촨성에서 진도 8.0 규모의 대지진이 발생했어요. 그런데 지진 발생 전에 두꺼비들이 떼 지어 대규모로 이동하는 현상이 일어났다고 해요. 많은 사람이 두꺼비가 지진이 일어날 것을 느끼고 대이동을 했다고 생각하고 있어요. 정말 두꺼비는 지진이 일어날 것을 알고 먼저 대피한 것일까요? 만약 그랬다면 어떻게 그것을 느꼈을까요? 그래서 일부 과학자들은 동물을 통해 지진을 미리 예측하는 방법에 대해 연구하고 있다고 해요.

탐색하기

1 **어휘 탐색**

　① **전조 현상** : 어떤 일이 발생하기 전에 먼저 발생하는 일정한 현상
　② **진도** : 지진이 발생한 강도를 숫자로 나타낸 정도

2 **내용 탐색** : 맞는 내용을 선택하세요.

　① 2010년 캘리포니아 지진 발생 직전에 (개 / 두꺼비)가 먼저 도망가는 영상이 포착되었다.
　② 과학자들은 지진을 미리 알아채는 동물의 반응을 과학적으로 (밝혀냈다 / 연구하고 있다)

깊이 생각하고 자신의 의견 써 보기

1 지진이 일어나도 무너지지 않는 건물을 만들기 위해서는 어떻게 해야 할까요?

―――――――――――――――――――――――――――――――

―――――――――――――――――――――――――――――――

―――――――――――――――――――――――――――――――

2 새, 개, 두꺼비 이외에도 지진 발생 전 동물의 이상행동 자료를 조사해 보세요.

―――――――――――――――――――――――――――――――

―――――――――――――――――――――――――――――――

―――――――――――――――――――――――――――――――

새끼에게 젖을 먹여 키우는 곤충이 있다

✳ 과학 지식

포유동물 젖을 먹이는 동물이라는 뜻이에요. 인간, 소, 말처럼 새끼가 태어나 오랜 기간 동안 젖을 먹여 키우는 동물을 포유동물이라고 불러요. 포유동물은 새끼에 대한 **모성 본능**이 강한 것으로 알려져 있어요.

✳ 과학신문 읽기

포유동물의 특징 중 하나가 젖을 먹여 새끼를 키운다는 거예요. 그런데 알을 낳는 곤충 중에도 새끼에게 젖을 먹여 키우는 곤충이 발견되었어요. 기존에 포유류만 젖을 먹인다는 사실을 바꾸는 중요한 계기가 되었어요.

한국 깊은 산에 사는 갑옷바퀴는 오랫동안 새끼를 돌봐요.

깊은 산속에서 썩은 나무를 먹고 사는 갑옷바퀴는 무려 8~9년을 살아간다고 해요. 더욱 놀라운 건 평생 알을 한 번만 낳아요. 알을 낳고, 알에서 깨어난 새끼 바퀴벌레를 무려 3년 동안 돌본다고 해요. 알에서 새끼로 부화한 후 단 며칠 정도만 돌보거나 알을 낳기만 하면 끝나는 다른 곤충들과는 확연히 다르지요. 그렇게 3년 동안 돌보면서 새끼에게 젖을 먹인다고 해요. 하루에 2~3번 정도 새끼 바퀴벌레가 어미에게 몰려와 어미가 주는 액체를 핥아 먹어요. 이 액체에는 새끼에게 필요한 영양성분이 들어 있어요.

중국에서 젖을 먹여 새끼를 키우는 거미가 발견되었어요.

껑충거미라고 들어 본 적 있나요? 놀라운 사실은 이 거미는 새끼에게 젖을 먹인다는 거예요. 새끼가 거의 **성충**이 될 때까지 먹인다고 해요. 새끼들이 낮에는 사냥을 하러 나갔다가도 밤이 되면 엄마 거미에게 다가와 젖을 받아먹는 모습이 관찰되었어요. 엄마 거미의 모유에는 우리가 먹는 우유보다 훨씬 더 많은 단백질이 들어 있다고 해요.

젖을 먹여 키우는 이유는 생존율을 높이기 위해서라고 해요.

새끼에게 젖을 먹여 키우는 갑옷바퀴나 껑충거미의 공통점은 새끼의 생존율을 다른 곤충들에 비해 높인다는 거예요. 외부에서 먹이를 구하기 어려운 새끼들이 어미에게 다가와 젖을 먹음으로써 상대적으로 다른 곤충들보다 오랫동안 생존하게 된다는 것이지요.

탐색하기

1 어휘 탐색

❶ **모성 본능** : 새끼를 돌보고 키우는 강한 사랑
❷ **성충** : 다 자란 어른 벌레

2 내용 탐색 : 맞는 내용을 선택하세요.

❶ 껑충거미는 새끼에게 (젖 / 사냥한 곤충)을 먹인다.
❷ 새끼에게 젖을 먹이면 돌보는 기간이 (길어 / 짧아)지지만 생존율을 높일 수 있다.

깊이 생각하고 자신의 의견 써 보기

1 오랜 기간 동안 젖을 먹여 키우는 곤충이 있다는 사실에 어떤 생각이 들었나요?

_____
_____
_____

2 껑충거미가 새끼에게 먹이는 젖을 인간이 활용할 수 있는 방법은 없을까요?

_____
_____
_____

무서운 메뚜기

✳ 과학 지식

메뚜기 풀이나 숲에 사는 곤충이에요. 보통 뒷다리가 길고 점프를 잘해요. 풀을 씹어 먹기 좋은 입을 가지고 있어요. 여치, 귀뚜라미, 꼽등이 등도 넓게 보면 메뚜기에 속한다고 할 수 있어요. 우리나라에서는 벼농사에 피해를 주는 곤충으로 알려져 있어요.

✳ 과학신문 읽기

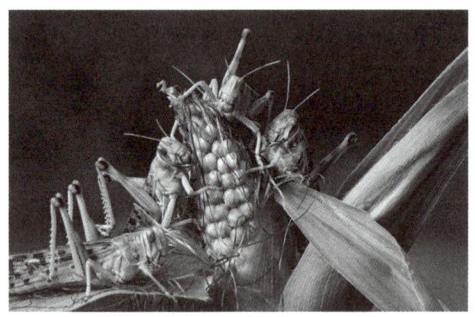

'코로나보다 더 무서운 메뚜기'라는 뉴스가 나오고 있어요. 우리나라에서는 다행히 큰 피해는 없는 편이지만 전 세계적으로는 공포영화에 나오는 수준으로 인식되고 있어요. 엄청난 양의 농산물이 메뚜기떼의 습격을 받고 있거든요.

소말리아에서는 메뚜기떼 습격으로 비상사태를 선포했어요.

식량이 부족한 아프리카의 나라들에 메뚜기떼의 습격은 매우 위협적이랍니다. $1km^2$의 면적에 무려 약 8천 만 마리에서 1억 5천 만 마리의 메뚜기떼가 가득하다고 해요. 메뚜기떼가 먹어치우는 식량으로 인해 사람들이 굶어 죽을 상황에 처했어요. 결국 아프리카의 소말리아 정부는 2020년 메뚜기를 막기 위해 국가 비상상태까지 선포했어요.

하루에 3만 5천 명이 먹을 식량을 메뚜기떼가 먹어치우고 있어요.

유엔식량농업기구(FAO)에서 메뚜기떼를 '세계에서 가장 파괴적인 이동성 해충'이라고 언급했어요. 그냥 벌레가 아니라 해충이라고 명확하게 규정지을 만큼 상황이 긴박하다는 거예요. 거대한 아프리카 대륙이 메뚜기떼에 의해 농산물 수확을 망치고 있어요. 소말리아뿐 아니라 우간다, 이집트, 남수단, 에티오피아 등에도 계속 확산되고 있답니다.

이상기후가 메뚜기의 성장을 촉진시켰어요.

아프리카의 사막에 **이상기후**로 인해 비가 내렸다고 해요. 메뚜기가 번식할 좋은 환경조건이 된 거죠. 갑자기 불어난 메뚜기가 눈앞에 보이는 작물은 물론 작은 풀들까지 모조리 먹어치운다고 해요. 먹이가 부족해지면 심지어 자기 앞을 날아가는 메뚜기까지 잡아먹는 **동족포식**도 한다고 해요. 즉 서로를 잡아먹는 상황인 거죠. 메뚜기떼의 습격으로 인류가 고통받는 상황이 빨리 **종식**되었으면 좋겠어요.

🔍 탐색하기

1 어휘 탐색

> ❶ **이상기후** : 일상적이지 않은 날씨가 지속적으로 계속되는 현상
> ❷ **동족포식** : 같은 종류의 생물끼리 잡아먹는 현상
> ❸ **종식** : 어떤 일이나 사건이 끝남

2 내용 탐색 : 맞는 내용을 선택하세요.

> ❶ 메뚜기가 갑자기 늘어난 이유는 (이상기후 / 유전자 조작) 때문이다.
> ❷ 소말리아에서는 메뚜기떼를 막기 위해 (평화적 대화 / 비상사태)를 선포했다.

💡 깊이 생각하고 자신의 의견 써 보기

1 갑자기 늘어난 메뚜기를 유익하게 활용할 수 있는 방법을 고민해 보세요.

_____

_____

_____

2 식량이 부족해서 어려움을 겪는 나라를 도울 수 있는 방법을 생각해 보세요.

_____

_____

_____

붉은 독개미 한국에 상륙하다

✳ 과학 지식

개미 집단을 이루고 사는 곤충이에요. 종류가 워낙 다양하고 전 세계 곳곳에 살고 있어요. 정확한 수를 알기 어려울 정도로 정말 많은 **개체**가 살고 있어요. 한 집단의 구성은 보통 여왕개미, 수개미, 일개미로 나뉘어져 있어요. 일개미 중에는 먹이를 구해 오는 역할, 집을 지키는 병정개미 역할을 하는 개미가 있답니다. 각자의 역할이 잘 나뉘진 체계적인 시스템을 가지고 있어요.

✳ 과학신문 읽기

놀이터에서 놀다가 모래 바닥에서 열심히 움직이는 개미를 본 적 있지요? 어떤 친구들은 애완용으로 개미를 키우기도 해요. 그런데 앞으로는 개미를 손에 올려놓는 장난은 하지 말아야 할 것 같아요.

독성을 가진 독개미가 한국에 나타났어요.

2017년 한국에 독개미가 나타났어요. 이름이 '붉은 독개미'예요. 부산에 외국에서 들어오는 큰 배들이 머무는 항구 중 감만부두라는 곳이 있어요. 이곳에서 '붉은 독개미'가 발견되었어요. 곤충학자들은 외국에서 들어온 컨테이너 박스에서 붉은 독개미가 **유입**되었을 것으로 생각하고 있어요.

붉은 독개미의 침에 찔리면 호흡곤란이나 쇼크가 올 수 있어요.

세계자연보호연맹(IUCN)에서 세계 100대 악성 침입외래종을 정했어요. 그중 '붉은 독개미'도 포함돼요. 붉은 독개미의 침에 찔리면 심한 통증과 함께 가려움을 느껴요. 침에 쏘인 부분이 벌겋게 부어올라요. 평소 알러지 반응이 있거나 호흡곤란이 오면 빨리 응급조치를 받아야 해요. 북아메리카에서는 평균 1년에 8만 명 정도가 붉은 독개미에 쏘이며, 그중 약 100명이 사망한다고 해요.

붉은 독개미를 찾아 제거하고 있어요.

붉은 독개미가 부산 감만부두에서 발견된 뒤로 **방역당국**은 바쁘게 움직였어요. 처음에 25마리를 발견하고 독개미가 발견된 주변 아스팔트를 걷어 냈어요. 추가로 독개미 1,000여 마리가 서식하는 개미집을 발견하여 없앴어요. 다른 항만 시설에서도 붉은 독개미 예방을 위해 찾는 작업을 하고 있어요. 더불어 항만 시설 곳곳에 살충제를 살포해서 붉은 독개미를 예방하고 있어요.

탐색하기

1 어휘 탐색

> ❶ **개체** : 하나의 생물체
> ❷ **유입** : 액체, 기체, 열 등이 흘러들어옴. 돈이나 물건 등이 들어옴.
> ❸ **방역당국** : 감염이나 전염병 등을 막기 위해 노력하는 공공기관

2 내용 탐색 : 맞는 내용을 선택하세요.

> ❶ 세계자연보호연맹(IUCN)에서 붉은 독개미를 (안전한 곤충 / 악성 침입외래종)으로 정했다.
> ❷ 우리나라에서 붉은 독개미가 발견된 곳은 (부산 감만항 / 설악산)이다.

깊이 생각하고 자신의 의견 써 보기

1 세상에서 모든 개미가 다 사라진다면 어떤 일이 생길지 예상해 보세요.

2 개미가 인간에게 도움이 되는 점을 조사해 보세요.

입에서 접착제를 내뿜어 사냥하는 벌레가 있다

✹ 과학 지식

유조동물 발톱이 달린 여러 개의 다리를 가진 땅 위에 사는 동물을 말해요. 몸은 말랑말랑 부드럽고 뼈가 없어요. 달팽이처럼 머리에 2개의 더듬이가 쏙 나와 있어요. 더운 열대 지방에 주로 살아요.

✹ 과학신문 읽기

스파이더맨을 보면 주인공이 손에서 거미줄을 내뿜지요. 그 거미줄로 건물들 사이를 이동하기도 하고, 악당을 꼼짝 못하게 하기도 하지요. 입에서 끈끈한 접착제를 내뿜어 다른 벌레를 잡아먹는 벌레가 있어요. 그 벌레의 이름은 '발톱벌레'라고 한답니다.

발톱벌레는 뚱뚱한 지렁이처럼 생겼어요.
발톱벌레를 보면 '저게 뭐지?' 하는 궁금증이 생길 거예요. 얼핏 보면 뚱뚱한 지렁이처럼 생겼어요. 그런데 가까이에서 보면 엄청 많은 다리가 꼬물꼬물 움직여요. 다리는 열심히 움직이는데 달팽이처럼 느릿느릿 한가하게 기어다닌답니다. 순해 보이지만 다른 벌레를 잡아먹는 **육식성**이에요.

발톱벌레는 입에서 끈적한 액체를 뿜어내요.
발톱벌레는 달팽이처럼 느리게 움직이면서도 빠르게 움직이는 다른 벌레를 잡아먹는 신기한 재주가 있답니다. 그건 바로 접착성이 강한 액체를 뿜어내기 때문이에요. 발톱벌레 근처로 벌레가 지나가면 입에서 하얗고 투명한 액체를 물총 쏘듯이 뿜어내요. 벌레 몸에 그 액체가 맞으면 바로 딱딱하게 굳어 버려요. 발톱벌레의 액체에 맞은 벌레는 옴짝달싹 못하고 잡혀 버린답니다.

발톱벌레는 날카로운 칼날 같은 이빨을 가지고 있어요.
발톱벌레가 쏜 액체에 맞아 움직이지 못한 채 멈춰 있는 벌레는 이제 죽음을 맞이해야 한답니다. 발톱벌레는 느긋하게 천천히 움직이지 못하는 벌레에게 다가가요. 그러고는 날카로운 칼날 같은 이빨로 벌레의 몸을 잘라 버린답니다. 참으로 무섭지요. 그리고 벌레 몸속에 **소화액**을 집어넣어요. 소화액은 벌레의 내장을 녹여서 물처럼 만든답니다. 발톱벌레는 그렇게 녹아내린 벌레 수액을 천천히 다 빨아먹어요. 벌레들의 드라큘라 같은 존재이지요.

🔍 탐색하기

1 **어휘 탐색**

　① **육식성** : 다른 동물이나 곤충을 잡아먹음
　② **소화액** : 음식을 몸에 흡수할 수 있게 녹이는 액체 물질

2 **내용 탐색** : 맞는 내용을 선택하세요.

　① 발톱벌레는 (육식성 / 채식성)이다.
　② 발톱벌레는 다른 벌레를 (달려가서 / 액체를 뿜어내서) 잡는다.

💡 깊이 생각하고 자신의 의견 써 보기

1 **발톱벌레가 입에서 내뿜는 접착성 액체를 우리 일상에 활용할 수 있는 방안을 생각해 보세요.**

2 **발톱벌레를 집에서 키우고 싶은지 생각해 보고 왜 그렇게 생각했는지 이유를 적어 보세요.**

매미를 더 시끄럽게 울게 만든 건 바로 사람이다

✳ 과학 지식

소음공해 시끄러운 소리로 인해 피해를 입는 것을 소음공해라고 해요. 물이 오염되어 피해를 입을 때는 수질오염이라고 하고요. 공기가 오염될 때는 대기오염이라고 해요. 빛으로 인한 피해를 입는 경우도 있는데 이때는 광공해 또는 빛공해라고 해요.

✳ 과학신문 읽기

여름만 되면 아파트 단지 안에 매미 소리가 진동을 합니다. 매미 소리로 인해서 짜증이 나고 잠을 자기 어려운 상황에 놓이기도 합니다.

도시 주변 차 소리 때문에 매미가 더 크게 울어요.
모든 매미가 우는 것이 아니고 수컷 매미만 우렁차게 운답니다. 수컷 매미가 큰 소리로 우는 건 사실 암컷과 **짝짓기**를 하기 위해 부르는 소리예요. 수컷 매미가 부르는 소리를 듣고 암컷 매미가 찾아오지요. 문제는 도시에 소음이 많다는 거예요. 수컷 매미는 자신의 소리가 자동차 소리에 묻혀 들리지 않게 되는 것을 막기 위해서 더 크게 운답니다. 그럼 주변에 있던 다른 수컷들도 다른 매미보다 더 잘 들리게 하기 위해 경쟁적으로 큰 소리를 내게 됩니다.

도시의 불빛이 매미를 착각하게 만들어요.
원래 매미는 낮에만 울어요. 그런데 도시의 가로등, 아파트 불빛 등으로 밤에도 낮이라고 착각을 해요. 그래서 밤이고 낮이고 계속 울어대는 것이지요. 밤낮없이 울어대니 지나가는 사람 입장에서는 매미 소리에 짜증이 나겠지요.

매미 소리는 지하철이 바로 옆에서 지나가는 소리만큼 커요.
우렁차게 울어대는 매미 소리를 측정해 본 결과 지하철이 바로 옆에서 지나가는 소리처럼 큰 것으로 나왔어요. 매미 소리로 인해서 스트레스를 받고 짜증 나는 시간이 길어지면 사람의 정신건강에도 좋지 않을 수 있다고 해요. 매미는 농작물에 피해를 주거나 사람을 물거나 하지는 않아요. 즉 **해충**으로 분류되지는 않지요. 하지만 도시의 소음 공해를 일으키는 생물 중 하나가 되었답니다. 매미도 억울할 거예요. 매미가 큰 소리로 우는 이유를 사람들이 제공했으니까요.

탐색하기

1 **어휘 탐색**

　❶ **짝짓기** : 동물이 새끼를 갖기 위해 암컷과 수컷이 만나는 행위
　❷ **해충** : 사람이나 농작물에 해를 끼치는 곤충

2 **내용 탐색** : 맞는 내용을 선택하세요.

　❶ 매미는 원래 (낮에만 / 밤에만) 운다.
　❷ 매미가 우는 이유는 (짝짓기 / 싸우기) 위해서이다.

깊이 생각하고 자신의 의견 써 보기

1 **매미의 울음소리를 작게 하려면 어떤 방법이 있을지 고민해 보세요.**

_____

_____

_____

2 **소음 공해로 인해 많은 매미를 잡아 없앤다면 생태계에 어떤 영향을 주게 될지 생각해 보세요.**

_____

_____

_____

14 새는 공룡이다

❋ 과학 지식

수각류 공룡 중에 두 발로 서서 걸어 다닌 공룡을 말해요. 주로 육식인데 두 발로 서서 뛰어다니며 사냥을 하고 앞발로 먹이를 움켜쥐고 도망치지 못하게 했어요. 뼈 속에 빈 공간이 있고, 몸통에 비해서 머리가 큰 편이었어요. 날카로운 이빨도 가지고 있었어요.

❋ 과학신문 읽기

귀여운 참새가 공룡이라면 믿을 수 있나요? 하지만 사실이랍니다. 모든 공룡이 조류라고 할 수는 없지만 거의 모든 새는 공룡이라고 할 수 있어요. 이 같은 사실이 최근 200~300년 사이에 하나둘씩 밝혀지고 있답니다.

공룡의 깃털은 날기 위한 것이 아니에요.
공룡 화석에서 깃털이 발견되자 학자들은 궁금해했어요. 왜냐하면 다리에도 깃털이 있었으니까요. 깃털은 날기 위해 필요한 것이라 생각했던 학자들은 왜 날개가 아닌 다리에도 깃털이 있는지 의문이 들었어요. 점차 더 많은 공룡에서 온전한 모양의 깃털 화석이 발견되자 그 이유를 알 수 있었어요. 공룡의 깃털은 처음에는 날기 위한 것이 아니라 보온이나 **방수**를 위한 수단이었던 거예요. 나중에 하늘을 날 수 있게 되었을 때 깃털을 하늘을 나는 수단으로 선택했을 거라는 가설을 세웠어요.

수각류 공룡은 새와 같은 특징을 가지고 있어요.
공룡은 다양하게 분류할 수 있어요. 전문용어로 곡룡류, 각룡류, 검룡류, 용각류, 수각류 등이 있어요. 그중 수각류 공룡은 현재 새와 공통된 특징을 가지고 있어요. 새 부리와 비슷한 입을 가지고 있고, 하늘을 날 수 있는 날개와 같은 형태를 하고 있어요. 대표적인 예로 '미크로랍토르'라는 공룡이 있어요. 새처럼 날개를 퍼덕였다기보다는 패러글라이딩처럼 활강을 했을 것으로 추측하고 있어요.

앞다리가 날개로 진화했어요.
두 발로 서서 뛰어다니며 앞다리로 사냥감을 움켜쥐었던 수각류 공룡은 점차 앞다리가 날개로 변했어요. 날카로운 이빨로 먹이를 잡거나 서 있던 두 발만으로도 먹이를 움켜쥘 수 있게 되자 앞다리로 먹이를 잡지 않아도 되었거든요. 대신 앞다리를 움직여 하늘을 날게 되는 자유를 얻었지요.

🔍 탐색하기

1 어휘 탐색

> ❶ **방수** : 비나 눈 등의 물로부터 막아줌
> ❷ **진화** : 생물이 오랜 시간을 거쳐 점점 변화해 가는 현상

2 내용 탐색 : 맞는 내용을 선택하세요.

> ❶ 수각류는 (네 발 / 두 발)로 걷는 공룡이다.
> ❷ 수각류 공룡의 (앞다리 / 꼬리)가 날개로 변했다.

💡 깊이 생각하고 자신의 의견 써 보기

1 두 손을 포기하고 날개로 변해서 하늘을 날 수 있다면 어떤 선택을 할 건가요? 그렇게 선택한 이유는 무엇인가요?

_____

_____

_____

2 수각류 공룡은 어떻게 멸종하지 않고 새가 되어 지금까지 살아남을 수 있었을지 생각해 보세요.

_____

_____

_____

2장

놀라운 지구, 드넓은 우주

15 산에서 소금을 채취한다

✷ 과학 지식

소금 짠맛을 내는 물질로 잘 알고 있지요. 화학에서는 염화나트륨(NaCl)이라고 부른답니다. 하지만 실제 우리가 먹는 소금은 염화나트륨뿐 아니라 다양한 성분이 섞여 있어요. 칼슘, 마그네슘, 칼륨 등 여러 성분을 미세하게 포함하고 있답니다. 지역별로 소금 맛이 약간씩 다른 이유는 이런 성분들이 얼마큼 들어 있느냐에 따라 영향을 받기 때문이에요.

✷ 과학신문 읽기

소금을 어디서 어떻게 만드는지 아나요? 대부분 바닷가 **염전**에서 바닷물을 끌어와서 만드는 것으로 알고 있을 거예요. 하지만 소금은 꼭 바다에서만 **채취**할 수 있는 것은 아니랍니다. 산에서 소금을 채취하기도 해요.

소금을 광산에서 캐내는 곳이 있어요.
소금을 캐내는 광산이 있답니다. 우리나라에는 바닷가 염전에서 소금을 만들기 때문에 소금 광산이 없어요. 하지만 외국 많은 나라에는 소금 광산이 있답니다. 대표적으로 아프리카 대륙이나 히말라야산맥 등에 많아요. 산은 아니지만 사막에도 있답니다. 그런 곳을 소금사막이라 불러요.

광산에서 캐는 소금은 가루가 아니에요.
소금 광산에서 나오는 소금은 우리가 흔히 보는 하얀색 가루가 아니에요. 소금 덩어리가 돌처럼 뭉쳐서 단단하게 굳어 있어요. 그것을 바위소금이라는 뜻의 '암염'이라고 불러요. 색깔도 다양하답니다. 붉은빛 또는 핑크빛이 나는 암염도 있어요. 이런 빛깔을 내는 이유는 철분을 많이 함유하고 있기 때문이에요. 푸른빛을 내는 암염도 있는데 황산구리를 함유하고 있어서 그렇다고 해요.

암염을 보고 싶다면 목욕탕에 가면 돼요.
찜질방에서 '소금방'이라고 붙어 있는 걸 본 적 있을 거예요. 그 소금방 벽면에는 다이아몬드 같은 핑크빛, 초록빛 돌멩이가 붙어 있어요. 그게 바로 소금 광산에서 캐낸 암염이랍니다. 정말 소금처럼 짭조름한지 맛보지는 마세요. 여러 사람이 이용하는 곳이라 깨끗하지는 않을 거랍니다. 대형 마트에 가면 히말라야산 암염이라는 것을 팔아요. 그건 소금 광산에서 캐낸 소금을 먹을 수 있게 정제한 것이에요. 그걸 사서 맛보는 걸 권해요.

탐색하기

1 **어휘 탐색**

   ❶ **염전** : 바닷물을 얕은 밭 모양의 땅에 끌어와 태양에 말려 소금을 만드는 곳
   ❷ **채취** : 자연에서 필요한 것을 캐거나 베어 내어 얻는 행위

2 **내용 탐색 : 맞는 내용을 선택하세요.**

   ❶ 푸른빛을 내는 암염은 (철분 / 황산구리)을(를) 포함하고 있다.
   ❷ 우리나라는 주로 (염전 / 소금 광산)에서 소금을 채취한다.

깊이 생각하고 자신의 의견 써 보기

1 **소금이 인체에 어떤 영향을 주는지 검색해 보고 조사해 보세요.**

   _____
   _____
   _____

2 **김치를 만들 때 많은 양의 소금을 넣어요. 왜 소금을 넣는지 조사해 보세요.**

   _____
   _____
   _____

지구의 많은 물은 어디에서 왔을까?

☀ 과학 지식

물 과학에서 말하는 엄밀한 의미의 물은 아무 맛이 없어요. 냄새도 나지 않아요. 색도 없이 투명해요. 화학적으로 산소와 수소가 만나서 물이 되었다고 해요. 물은 보통 액체 상태로 있지만 얼음이나 수증기, 눈과 같이 다양한 형태로 자신의 모습을 바꾼 채 존재하고 있어요.

☀ 과학신문 읽기

지구에는 육지보다 바다가 훨씬 더 넓어요. 바다가 70%, 육지가 30%예요. 산에 올라가면 골짜기로 물이 흘러내려요. 어떻게 저 물은 계속 끊이지 않고 나올 수 있을까요?

별똥별에서 물이 공급되고 있다는 가설이 있어요.

매일 지구로 떨어지는 별똥별의 양을 계산해 보면 약 100톤이라고 해요. 별똥별은 다양한 성분을 포함하고 있어요. **운석** 안에는 얼음 알갱이 같은 물 성분도 포함되어 있어요. 그래서 천문학자들은 지구로 떨어지는 별똥별을 통해 지속적으로 물이 공급되는 거라고 말하고 있어요.

화산 활동을 통해 지구 표면에 물을 공급하고 있다는 가설이 있어요.

지구에서는 많은 화산 활동이 일어나고 있어요. 특히 깊은 바닷속에서는 끊임없이 화산이 폭발하고 있지요. 화산이 폭발할 때 마그마가 흘러나와요. 마그마는 땅속 깊은 곳에 있는 **맨틀**이 녹아서 생기는 거예요. 마그마에는 많은 양의 물이 포함되어 있어요. 그래서 지질학자들은 화산 활동으로 흘러나오는 마그마를 통해 지구에 물이 공급되는 거라고 말하고 있어요.

물은 계속 순환하고 있어요.

지구의 물이 어떻게 공급되고 있는지는 여러 가설이 있지만, 지구의 물이 계속 순환한다는 것은 학자들이 공통되게 말하고 있어요. 바다에서 증발된 물이 우주 밖으로 나가지 않고 구름 형태로 머물다가 비가 되어 다시 내려요. 또 깊은 바닷속 골짜기를 통해 지구 내부로 스며드는 물이 용암 형태로 다시 지구 표면으로 나오는 순환을 하고 있어요. 인간뿐 아니라 지구의 모든 생물에게 물은 살아가는 데 아주 중요한 역할을 하고 있어요.

🔍 탐색하기

1 어휘 탐색

> ❶ **운석** : 우주에서 지구 표면으로 떨어진 암석
> ❷ **맨틀** : 지구 표면보다 아래에 있는 두꺼운 암석층

2 내용 탐색 : 맞는 내용을 선택하세요.

> ❶ 천문학자들은 (운석 / 마그마)에서 지구에 물이 공급되고 있다는 가설을 주장했다.
> ❷ 지질학자들은 (운석 / 마그마)에서 지구에 물이 공급되고 있다는 가설을 주장했다.

💡 깊이 생각하고 자신의 의견 써 보기

1 지구에서 갑자기 물이 사라진다면 어떤 일이 벌어질지 상상해 보세요.

_____

_____

_____

2 물을 아껴 쓰고 오염시키지 않으려면 어떤 노력을 해야 할지 생각해 보세요.

_____

_____

_____

백두산이 폭발하면 어떻게 될까?

✱ 과학 지식

활화산 현재 화산 활동으로 용암이 분출되는 화산을 말해요. 쉽게 표현해서 활동 중인 화산이라고 할 수 있어요. 오랜 기간 활동을 멈추고 마치 잠자고 있는 듯 조용한 화산을 '휴화산'이라 하고요. 활동이 멈추고 화산 아래 마그마 활동이 거의 없을 경우 '사화산(죽은화산)'이라고 해요. 활화산이라고 해서 모두 지금 뜨거운 용암이 나오는 건 아니에요. 휴화산처럼 잠시 화산 활동이 멈추어 있지만 언제든 폭발할 가능성이 있는 화산은 '활화산'으로 간주해요.

✱ 과학신문 읽기

백두산에 올라가 본 경험이 있나요? 현재 중국을 통해서 백두산 정상 '천지'에 올라갈 수 있어요. 그곳에 올라가면 화산 분화구에 웅장하고 고요하게 물이 가득 차 있답니다.

백두산 땅속 아래는 뜨거워요.
백두산 천지에는 여러 개의 온천이 있다고 해요. 온천이 있다는 것은 백두산 아래에 뜨거운 마그마가 활동하고 있다는 증거가 돼요. 실제 계곡에 흐르는 물에서 뜨거운 김이 모락모락 올라온답니다. 그 온천물에 달걀과 옥수수를 넣으면 저절로 삶아져요.

백두산은 폭발할 가능성이 높아요.
지질학자들은 백두산은 언제든 폭발할 가능성이 높은 활화산으로 규정하고 있어요. 역사적으로도 946년경(고려시대)에 백두산이 폭발했다는 기록이 있어요. 폭발력이 얼마나 컸는지 약 470km 떨어진 **개성**에서도 폭발소리가 들렸다고 해요. 멀리 일본에까지 '하얀재'가 눈처럼 떨어졌다는 기록이 남아 있어요. 그 이후에도 지난 1,000년 동안 30여 차례의 작은 **분화**들이 있었다고 해요.

백두산이 폭발하면 재난이 발생해요.
백두산이 대폭발을 일으키면 사람이 죽거나 다치고, 화산재가 하늘을 뒤덮어서 비행기가 다닐 수 없게 될 거라고 해요. 땅속 뜨거운 마그마와 함께 이산화탄소가 배출돼서 백두산 부근에 사는 많은 사람이 질식으로 인해 사망할 수도 있다고 해요. 우리나라에서도 백두산이 언젠가 폭발할 것을 예상하고 안전대책을 세우고 있어요.

🔍 탐색하기

1 **어휘 탐색**

> ❶ **개성** : 파주 북쪽 북한의 행정구역 중 하나
> ❷ **분화** : 화산에서 마그마가 나오는 활동

2 **내용 탐색** : 맞는 내용을 선택하세요.

> ❶ 백두산은 (활화산 / 사화산)이다.
> ❷ 백두산은 (946년경 / 1950년경)에 대폭발한 기록이 있다.

💡 깊이 생각하고 자신의 의견 써 보기

1 백두산 아래의 뜨거운 마그마를 우리 생활에 이롭게 활용할 수 있는 방법은 무엇이 있을지 생각해 보세요.

---

2 백두산이 폭발할 때 그 장면을 영상으로 촬영할 수 있는 안전한 방법을 생각해 보세요.

우주선에서 감기에 걸리면 어떻게 될까?

✵ 과학 지식

무중력 상태 물체가 서로 잡아당기는 힘을 중력이라고 해요. 지구가 잡아당기는 중력 때문에 우리는 땅에 붙어 있답니다. 우주선을 타고 멀리 우주로 가면 지구 중력이 약해져서 무중력 상태가 돼요. 그러면 마치 공중에 붕 떠서 하늘을 날고 있는 듯한 상황이 벌어진답니다.

✵ 과학신문 읽기

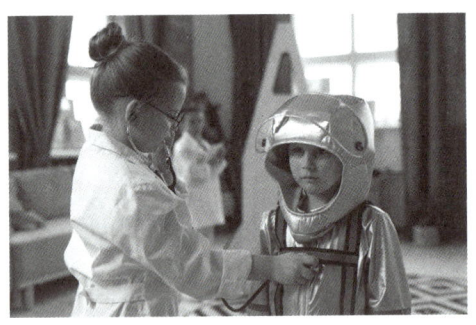

한국 최초 우주인 이소연 씨가 우주로의 출발 며칠 전 감기에 걸려 **탑승**을 못할 뻔했다고 해요. 다행히 열심히 건강을 회복하여 탑승이 가능했다고 합니다. 왜 지구에서는 흔한 감기 정도의 가벼운 증상만으로도 우주선 탑승이 거부될 수 있는 걸까요?

우주선 내부는 무척 좁고 밀폐되어 있어요.
우주선 내부 공간은 무척 좁아요. **산소**를 아껴야 해서 마음껏 환기를 시킬 수도 없어요. 그래서 한 명의 승무원이 감기에 걸리면 다른 대원들 모두 감기에 걸리게 된답니다. 실제로 아폴로 7호 우주선의 월터 시라 선장이 감기에 걸렸고, 나머지 두 명의 승무원도 결국 감기가 옮게 된 사건이 있었어요.

감기에 걸린 채 우주 헬멧을 쓰면 위험할 수 있어요.
우주인들은 가끔 우주선 밖으로 나가서 태양열 전지판을 수리하거나, 우주선 기체를 관리하는 역할을 하기도 해요. 그러기 위해서는 반드시 우주복과 우주 헬멧을 쓰고 기체 밖으로 나가야 해요. 문제는 우주인이 감기에 걸린 상태에서 우주 헬멧을 쓰면 생명에 위험을 느끼는 상황이 벌어질 수도 있어요. 그건 바로 콧물 때문이에요.
우주에서는 무중력 상태이기 때문에 콧물이 아래로 흘러내리지 않아요. 콧물이 흘러내리지 않고 콧구멍을 막은 채로 계속 고이는 거죠. 그러면 숨을 쉴 수 없어요. 마치 물속에 있는 것과 같은 상황이 되는 거죠. 방법은 휴지로 코를 풀면 돼요. 그런데 우주 헬멧을 쓰고 있으면 코를 풀 수 없기 때문에 콧물로 인해 숨을 쉬지 못해서 위험한 상황이 될 수 있어요. 만약 내가 우주인의 꿈을 꾸고 있다면 평소 건강 관리를 잘해야 우주선 탑승이 허락될 수 있답니다.

탐색하기

1 어휘 탐색

① **탑승** : 자동차, 버스 등에 올라 탐
② **산소** : 생명을 유지하기 위해 필요한 기체

2 내용 탐색 : 맞는 내용을 선택하세요.

① 감기에 걸리면 우주선에 탑승할 수 (있다 / 없다)
② 우주선에서 감기에 걸리면 콧물이 코에서 (흘러내린다 / 고인다)
③ 우주인이 우주선 밖으로 나갈 때는 우주복을 (입는다 / 벗는다)

깊이 생각하고 자신의 의견 써 보기

1. 우주 헬멧을 쓴 상태에서 손을 대지 않고도 코를 풀 수 있는 아이디어를 떠올려 보세요.

___

___

___

2. 무중력 상태에서는 눈물도 흘러내리지 않아요. 우주 헬멧을 쓴 상태에서 눈물을 흘리면 눈물을 닦지 못해서 어떤 상황이 벌어지게 될까요?

___

___

___

달, 인류 미래 에너지 창고

✴ 과학 지식

헬륨-3 물질을 계속 쪼개면 더 이상 나눌 수 없는 아주 작은 물질이 되는데 이것을 '원소'라고 해요. 현재까지 100개가 넘는 원소가 알려져 있어요. 그중 '헬륨'이라는 원소가 있는데 '헬륨-3'는 헬륨과 거의 같은 성질을 지니고 있으며 질량만 약간 달라요.

✴ 과학신문 읽기

우리나라의 첫 달탐사선 '다누리'는 달 100km **고도**를 비행하며 달 관측 임무를 수행하고 있어요. 미국, 러시아, 일본, 유럽연합, 인도 등의 나라에서도 달 **탐사**를 위한 우주선을 보냈어요. 왜 이렇게 여러 나라에서 엄청나게 많은 돈을 투자해서 달을 연구하기 위한 시도를 하고 있을까요?

달에는 엄청난 양의 지하자원이 있어요.
달 표면의 흙 속에는 '헬륨-3'라는 자원이 묻혀 있어요. '헬륨-3'를 **융합**하면 핵 발전을 할 수 있어요. '헬륨-3'를 이용한 핵 발전의 최대 장점은 **방사성** 오염 물질이 나오지 않는다는 거예요. 환경오염을 일으키지 않는 아주 깨끗한 발전을 할 수 있지요. 더구나 아주 적은 양만으로도 꽤 많은 양의 전기를 생산할 수 있어요. 달에 있는 '헬륨-3'를 모두 가져와서 전기를 만들면 지구인들이 무려 약 1만 년 동안이나 사용할 수 있다고 해요.

달 흙 속에는 많은 양의 산소가 녹아 있어요.
달 표면의 흙은 지하자원뿐 아니라 많은 양의 산소까지 포함하고 있다고 해요. 산소는 생물들이 생명을 유지하는 데 무척 중요한 역할을 하지요. 달의 흙을 가져와서 그 안에 포함된 산소를 따로 뽑아낼 수만 있다면, 지구의 공기를 깨끗하게 하고, 많은 생물이 그 산소를 마실 수 있게 돼요.

달의 흙을 가져오기 위한 경쟁이 시작되었어요.
달 표면의 흙을 대량으로 지구에 가져올 수 있다면, 그 속에서 인류에게 필요한 많은 광물을 꺼내 쓸 수 있어요. 그래서 여러 나라가 지속적으로 많은 돈을 투자하면서 달에 가려는 시도를 하고 있어요.

탐색하기

1 **어휘 탐색**

  ① **고도** : '높이'와 비슷한 말
  ② **탐사** : 아직 알려지지 않은 것을 조사하는 행위
  ③ **융합** : 여러 가지를 합쳐서 새로운 것을 만듦
  ④ **방사성** : 위험한 방사능이 포함된 성질

2 **내용 탐색** : 맞는 내용을 선택하세요.

  ① 달 표면의 흙 속에는 인류에 필요한 광물이 (많다 / 거의 없다)
  ② 헬륨-3를 이용하여 핵 발전을 하면 방사능 오염 물질이 (나온다 / 나오지 않는다)
  ③ 우리나라의 첫 달 탐사선 다누리는 달 고도 비행에 (실패했다 / 성공했다)

깊이 생각하고 자신의 의견 써 보기

1 달 표면의 흙을 여러 나라에서 서로 가져가겠다고 싸우는 일이 생기지 않게 하려면 어떻게 해야 할까요?

2 아주 먼 미래에 달의 흙을 모두 퍼 와서 달이 사라지면 지구에는 어떤 일이 발생할까요?

소행성이 지구와 충돌한다면

✴ 과학 지식

소행성 태양을 중심으로 공전하면서 빛을 내지 않는 **천체**를 행성이라고 불러요. 지구도 행성이에요. 이 행성들보다 작은 천체를 소행성이라고 불러요. 태양계에는 수십만 개가 넘는 소행성이 있을 것으로 추정하고 있어요.

✴ 과학신문 읽기

태양계에는 많은 소행성이 우주를 날아다녀요. 그중 하나가 지구와 충돌한다면 어떤 일이 벌어질까요? 그런 일이 벌어진다면 핵폭탄이 떨어지는 것과 같은 엄청난 대폭발이 일어날 것으로 예상하고 있어요.

지구는 이미 소행성과 충돌한 사건이 있었어요. 1908년 러시아 시베리아에 **운석**이 떨어졌어요. 다행히 사람이 살지 않는 숲이었어요. 하지만 결과는 엄청났어요. 약 8,000만 그루의 나무숲이 불타 없어졌어요. 안타깝게도 약 1,500마리의 **순록**이 죽었지요. 당시 폭발력으로 450km나 떨어진 곳의 열차가 **전복**되기도 했대요. 만약 그 운석이 서울 도심에 떨어졌다면 엄청난 사상자가 나왔을 거예요.

지금도 지구와 가까워지고 있는 행성이 있어요. '아포시스'라고 이름 붙여진 소행성이 지구와 가까워지고 있어요. 천문학자들의 계산에 따르면 2029년경 지구와 근접할 것이라고 해요. 다행히 가까이 오긴 하지만 충돌하지는 않을 거라고 예상하고 있어요.

지구와 충돌을 막는 방법을 연구하고 있어요. 2022년 NASA(미국항공우주국)에서 중요한 실험을 했어요. 멀리 우주에 있는 '디모르포스' 소행성에 '다트'라고 하는 우주선을 충돌시켰어요. 이 실험의 목적은 소행성에 우주선을 충돌시켜서 행성의 이동 경로를 바꾸는 것이었어요. 실험은 성공적이었어요. 이 실험을 통해 만약 어떤 소행성이 지구를 향해 날아오면 같은 방법으로 소행성의 이동 방향을 바꿀 수 있을 것으로 기대하고 있어요.

탐색하기

1 어휘 탐색

- ❶ **천체** : 우주에 있는 모든 것
- ❷ **운석** : 별똥별. 우주에서 지구로 떨어지는 모든 암석
- ❸ **순록** : 추운 기후에 살고 있는 덩치 큰 사슴
- ❹ **전복** : 뒤집힘

2 내용 탐색 : 맞는 내용을 선택하세요.

- ❶ 소행성이 지구와 충돌하면 폭발이 (일어난다 / 일어나지 않는다)
- ❷ NASA는 '디모르포스' 소행성에 '다트' 우주선 충돌 실험을 (성공했다 / 실패했다)
- ❸ '아포시스' 소행성은 2029년경 지구와 아주 (가까워질 / 멀어질) 전망이다.

깊이 생각하고 자신의 의견 써 보기

1 소행성이 다가오는 것을 미리 발견하려면 어떻게 해야 할까요?

2 소행성과 지구의 충돌을 막기 위해 우주선 충돌 말고 다른 방법은 없을지 생각해 보세요.

21 우주는 원래 하나의 점이었다

✷ 과학 지식

빅뱅 이론 아주 강한 에너지가 한 점에 모여 있다가 어떤 이유로 폭발해서 **팽창**하면서 우주가 만들어지고 있다는 이론이에요. 물이 가득 담긴 풍선을 하나의 점이라고 할게요. 물풍선이 '펑!' 하고 터지면 안에 있던 물들이 사방으로 퍼지겠지요. 그것이 지금의 우주 상태인 거예요. 지금 터지는 중이라면 물이 계속 사방으로 퍼져 나가겠지요. 마찬가지로 우주가 지금 퍼져 나가고 있어요.

✷ 과학신문 읽기

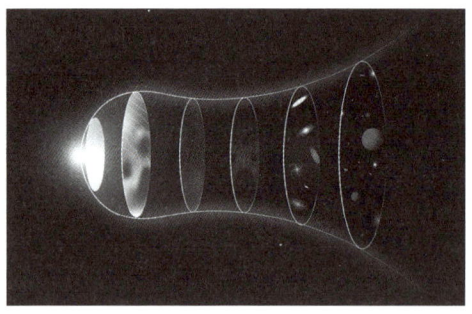

밤하늘을 보면 수많은 별과 끝없이 펼쳐진 깜깜한 우주가 보여요. 지구와 가장 가까운 천체인 달까지의 거리는 약 38만 4,400km라고 해요. 서울과 부산을 약 446번 왕복해야 도착하는 거리예요.

우주의 거리는 광년으로 표시해요.
우주의 거리는 빛의 속도로 말해요. 1년 동안 빛이 도달할 수 있는 거리를 **1광년**이라고 해요. 지금 과학자들이 말하는 관측 가능한 우주의 거리는 약 460억 광년이에요. 그 거리가 우주의 길이예요. 쉽게 표현해서 우리가 빛의 속도로 움직이는 우주선을 타고 460억 년을 날아가면 우주의 끝에 도달할 수 있어요.

우주의 끝에 도달하게 되면 하나의 점이 보여요.
460억 광년을 이동해서 우주의 끝에 도달하면 우주의 탄생을 볼 수 있어요. 우주는 하나의 점이 어떤 알 수 없는 이유로 폭발해서 팽창하고 있는 것이라고 해요. 우리가 지금 보고 있는 우주도 그 폭발 이후에 계속 팽창하고 있는 것이죠. 맨 처음 폭발하는 모습을 보고 싶다면 우리가 빛의 속도로 움직이는 우주선을 타고 460억 년을 이동해야 해요.

하나의 점이 폭발하기 전에는 무엇이 있었을까요?
현재 과학자들이 알아낸 것은 하나의 점이 폭발해서 우주가 되어 팽창하고 있는 것까지만 알아냈어요. 그 하나의 점 이전에 어떤 상황이었는지는 알 수가 없어요. 그걸 알아내기 위해 많은 과학자가 수많은 날을 고민하고 계산하고 관찰하고 있어요. 우주에는 아직도 인간이 알아내지 못한 수수께끼가 너무 많아요.

탐색하기

1 어휘 탐색

① **빅뱅** : 큰 폭발
② **팽창** : 길이가 늘어남. 부피가 불어남
③ **1광년** : 빛의 속도로 1년 동안 이동한 거리

2 내용 탐색 : 맞는 내용을 선택하세요.

① 우주는 어느 한 점이 (폭발 / 유지)하면서 시작되었다고 예상한다.
② 우주가 빅뱅으로 탄생되기 이전의 상황을 과학자들이 (밝혀냈다 / 아직 모른다)
③ 빛의 속도로 10년 동안 이동한 거리는 (1광년 / 10광년)이다.

깊이 생각하고 자신의 의견 써 보기

1 우주가 빅뱅으로 탄생하기 이전에는 어떤 상태였을지 상상해 보세요.

_____

_____

_____

2 처음 에너지를 가득 담은 한 점이 폭발해서 팽창하고 있는 것이 지금의 우주라고 해요. 그렇다면 처음 그 한 점은 왜 폭발했을지 상상해 보세요.

_____

_____

_____

달에 인간이 누고 온 똥이 있다

❋ 과학 지식

미생물 눈으로 관찰할 수 없는 아주 미세하고 작은 생물을 말해요. 상처를 감염시키는 세균, 음식을 발효시키는 효모 등이 있어요. 우리 몸속 대장에는 아주 많은 양의 '대장균'이라는 미생물이 살면서 음식물 소화를 돕고 있어요.

❋ 과학신문 읽기

달에 가면 인간이 두고 온 '똥'이 있다고 해요. 1969년 미국 아폴로 우주선이 달에 착륙했어요. 당시 우주선에 탔던 우주인들이 달을 떠날 때 쓰레기봉투를 달에 버리고 왔는데 그 쓰레기봉투에 우주인들이 배설한 똥도 들어 있었던 거예요.

달에 쓰레기를 버리고 올 수밖에 없었어요.
달에 착륙한 아폴로 우주선이 다시 지구로 오기 위해서는 우주선의 무게를 최대한 줄여야 했대요. 그래야 우주선의 연료 소모를 최대한 막을 수 있거든요. 그래서 우주선에서 먹은 음식물쓰레기, 대변, 소변 등을 커다란 하얀 비닐팩에 담아서 달에 버리고 왔다고 해요.

똥이 들어 있는 쓰레기봉투를 지구로 가져오자는 의견이 있어요.
달에 버리고 온 쓰레기봉투를 다시 가져오자는 의견이 과학자들 사이에서 나오고 있어요. 인간의 대변과 소변에는 엄청 많은 미생물이 살고 있어요. 50여 년이 지난 지금, 지구와 매우 다른 환경인 달에서 그 미생물들이 아직 살아 있는지 관찰하기 위해서예요.

엄청난 비용을 들여서 똥을 가지러 달에 가는 이유가 있어요
달에 우주선을 보내는 것은 **천문학적 비용**이 들어요. 또 매우 위험한 일이기도 하고요. 그런데 겨우 똥을 가지러 그 먼 달까지 우주선을 보내야 하는지 의문이 들 거예요. 하지만 언젠가 달이나 화성에 사람이 살 수 있는 기지를 건설하기 위해서는 **극한의 환경**에서 미생물이 어떻게 얼마나 견딜 수 있는지를 알아보는 것이 무척 중요해요. 그 연구 결과는 인간이 지구를 떠나 우주의 다른 행성에서 살아가기 위한 아주 소중한 자료가 될 수 있답니다.

탐색하기

1 어휘 탐색

❶ **천문학적 비용** : 엄청 많은 돈을 사용해야 하는 상황
❷ **극한의 환경** : 살아가기 무척 어려운 환경

2 내용 탐색 : 맞는 내용을 선택하세요.

❶ 달에 가면 우주인이 버리고 온 인간의 (똥 / 돈)이 있다.
❷ 달에 가서 인간의 똥을 가지고 와야 하는 이유는 (환경보호 / 미생물 연구)를 위해서이다.

깊이 생각하고 자신의 의견 써 보기

1 나에게 우주인이 되어 달에 있는 똥을 가져오라는 미션이 주어진다면 나는 참여할지 고민해 보세요.

2 만약 달에서 1년 동안 살아야 한다면 나는 어떤 물건들을 가지고 갈지 적어 보세요.

23 태양에서 바람이 분다

✳ 과학 지식

지구 자기폭풍 태양풍이 지구 대기권의 자기장과 충돌하면 강력한 자기폭풍이 일어나요. 이때는 일시적으로 통신이 중단된다고 해요. 또 각종 전자기기가 작동을 멈추거나 고장 날 수 있다고 해요. 인공위성을 이용한 인터넷 통신이나 운전할 때 사용하는 내비게이션이 갑자기 안 될 수 있는 것이지요.

✳ 과학신문 읽기

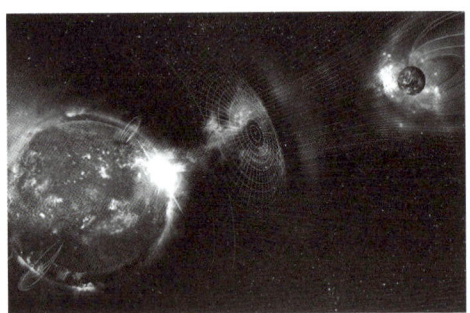

태양에서 강력한 바람이 불어 나오고 있다는 사실을 알고 있나요? 물론 우리가 알고 있는 바람과는 성질이 달라요. 태양은 우주에 공기가 아닌 다른 것을 바람처럼 뿜어내고 있답니다.

태양은 강력한 자기장을 가지고 있어요.
자석에 철을 가져가면 철이 달라붙지요. 이런 현상은 자석이 가진 자기력 때문이에요. 이 자기력이 영향을 미치는 공간을 자기장이라고 해요. 태양에도 엄청난 자기장이 있어요. 그런데 이 자기장의 일부가 태양 내부의 강한 에너지 때문에 우주 바깥으로 바람처럼 밀려나오고 있어요. 그렇게 방출된 전기를 띤 작은 입자를 과학용어로 '플라스마'라고 불러요. 이것이 엄청나게 빠른 속도로 쏟아져 나오는데 그 속도가 평균 1초에 약 450km랍니다.

태양풍에는 방사능 물질이 들어 있어요.
태양풍에는 위험한 **방사능 물질**이 들어 있어요. 이것이 그대로 지구에 오면 지구의 많은 생물이 죽게 될 거예요. 다행인 것은 지구에도 남극과 북극에서 강력한 자기장을 만들어 내고 있어요. 그 자기장이 지구 전체를 둘러싸고 있어요. 그래서 태양풍의 방사능 물질을 막아 주고 있답니다. 덕분에 우리는 태양에너지에서 방사능을 걸러 내고 받을 수 있어요.

태양풍이 인공위성들을 못 쓰게 만들고 있어요.
태양풍은 약 11년 주기로 아주 강한 활동을 해요. 2025년경이면 그 11년 주기가 될 것으로 예상하고 있어요. 우주에 쏘아올린 인공위성들 중에는 강한 태양풍 때문에 제대로 안착하지 못하고 지구로 떨어진 것들이 있답니다. 2022년에는 스페이스X에서 쏘아올린 인공위성 중 수십 기가 지구로 떨어졌다고 합니다. 다행히 **대기권**에 진입하면서 모두 불타 땅에 있는 사람들에게 위험이 되지는 않았어요.

🔍 탐색하기

1. **어휘 탐색**

   ① **방사능 물질** : 생물의 세포나 DNA까지 파괴하는 방사선을 포함한 물질
   ② **대기권** : 지구를 둘러싸고 있는 공기층

2. **내용 탐색 : 맞는 내용을 선택하세요.**

   ① 태양풍에서 우리가 안전한 이유는 지구의 (자기장 / 바다) 때문이다.
   ② 태양풍으로 인해 지구에서 발사한 인공위성들이 더욱 (안전해진다 / 위험해진다)

💡 깊이 생각하고 자신의 의견 써 보기

1. **만약 지구의 자기장이 사라져 태양풍을 막을 수 없다면 인간은 어떻게 해야 생존할 수 있을지 고민해 보고 자료들을 찾아보세요.**

___

___

___

2. **태양풍으로 인해 하루 동안 스마트폰을 사용할 수 없게 된다면 우리 생활에서 어떤 혼란들이 발생할지 생각해 보세요.**

___

___

___

우주인을 도와주는 꿀벌 로봇이 있다

※ 과학 지식

NASA 미국 정부에서 만든 항공우주국의 약자예요. 우주에 대한 장기적인 계획을 갖고 연구 및 탐험을 하기 위해 만들어졌어요. 인공위성, 우주정거장, 달 착륙, 화성 탐사와 같은 우주와 관련된 일을 하고 있어요. 우주 과학 분야에서 세계적으로 앞선 연구를 하고 있어요. 한국인 중에도 나사에서 기술 개발을 담당하는 연구원으로 일하고 있는 사람이 있답니다.

※ 과학신문 읽기

NASA(미국항공우주국)에서 **우주정거장**에 꿀벌 로봇을 보냈어요. **자율 비행**을 하면서 우주정거장에 근무하는 우주인의 작업을 도와주는 역할을 한다고 해요. 이름은 아스트로비(Astrobees)예요. 아스트로는 스페인어로 별이라는 뜻이에요. 별(Astro)과 벌(Bee)을 합쳐서 이름을 만들었어요.

정육각형 모양이에요.
아스트로비에는 카메라가 달려 있어 우주정거장의 내부를 촬영할 수 있어요. 자율적으로 판단해서 영상을 촬영하고 데이터를 저장해요. 랜턴처럼 내부를 밝히기도 하고요. 특정 물체를 잡을 수 있는 팔도 장착되어 있어요. 배터리가 소모되면 스스로 충전기에 가서 재충전을 하는 똑똑한 로봇이지요.

아스트로비는 우주인들의 실험을 도와줘요.
우주정거장에서는 여러 실험을 하고 있어요. 식물을 키우거나 곤충의 모습을 관찰해요. 또 다양한 화학 실험 및 물리적 실험을 하고 있어요. 아스트로비는 이러한 우주인의 실험을 도와줘요. 예를 들면 실험에 필요한 장비나 재료의 남은 양을 알아서 파악해 주고, 실험 데이터들을 저장 및 정리하는 똑똑한 일을 해 준답니다.

아스트로비의 최종 목적은 단순 도우미가 아니에요.
NASA는 언젠가 다른 행성 근처에도 우주정거장을 만들 계획을 세우고 있어요. 예를 들면 화성이나 목성 같은 행성 근처에 우주정거장을 만드는 거죠. 그런데 그 먼 거리에 있는 우주정거장에 우주인을 보내 오랜 기간 동안 머물게 하는 게 어려워요. 그래서 아스트로비와 같은 자율비행 로봇을 우주정거장에 머물게 하면서 관리, 실험하는 데 사용할 예정이에요.

탐색하기

1 **어휘 탐색**

❶ **우주정거장** : 오랜 기간 우주인이 우주에 머물 수 있도록 만든 구조물
❷ **자율 비행** : 사람이 조종하지 않아도 인공지능 프로그램으로 스스로 비행하는 기능

2 **내용 탐색** : 맞는 내용을 선택하세요.

❶ 꿀벌 로봇 아스트로비는 배터리가 방전되면 (스스로 / 사람이) 충전한다.
❷ 아스트로비의 최종 목적은 (우주인을 돕는 / 스스로 우주정거장을 관리하는) 것이다.

깊이 생각하고 자신의 의견 써 보기

1 **일상에서 나를 돕는 로봇이 생겨 나를 따라 날아다닌다면 어떤 일을 시키고 싶은가요?**

2 **사람들의 불편함을 도와주는 로봇 설계도를 그려 보세요.**

화성 이주 프로젝트가 시작되다

✳ 과학 지식

화성 태양에서 네 번째로 떨어져 있는 행성이에요. 화성은 밤하늘에 **육안**으로 볼 수 있는데, 밝은 붉은색 별처럼 보여요. 현재 화성 탐사 로봇이 그곳에서 열심히 화성을 조사한 데이터를 지구에 전송해 주고 있답니다.

✳ 과학신문 읽기

만약 나에게 화성에 갈 수 있는 기회가 주어졌어요. 그런데 조건이 있어요. 남은 평생을 화성에서 살아야 해요. 여러분은 어떻게 할 건가요?

화성 이주에 20만 명이 넘는 인원이 신청했어요.
네덜란드에 '마스 원'이라는 화성 탐사 업체가 있어요. 2015년 이곳에서 '화성 이주' 신청자를 모집했어요. 전 세계에서 약 20만 명이 신청했어요. 한국인 중에도 신청한 사람이 있어요. 하지만 이 계획은 무산되었어요. '마스 원' 회사가 자금 모집에 어려움을 겪었고 회사가 무너질 위험에 처했어요.

그래도 화성 이주 프로젝트는 계속되고 있어요.
'스페이스 X' 회사의 대표 일론 머스크는 화성 도시 프로젝트를 계획하고 있어요. 그 계획을 실현하기 위해 대형 로켓 우주선 '스타십'을 쏘아 올렸어요. 사람 100명을 태울 수 있는 크기의 대형 로켓 우주선이었어요. 높이 120m나 되는 약 40층 아파트 높이의 로켓이었어요. 사람은 태우지 않았지만 약 48분 정도 지구 반 바퀴를 비행하는 성과를 거두었어요. 일론 머스크의 목표는 2050년에 100만 명이 화성에 정착하는 것이라고 해요. 어쩌면 그중에 여러분도 있을 수 있겠네요.

화성에서 살기 위해서는 많은 것이 필요해요.
화성에서 살기 위해서는 화성에 있는 얼음이나 이산화탄소를 이용해서 산소를 만드는 장치가 개발되어야 해요. 화성의 평균 온도는 영하 50℃라고 해요. 그곳에서 식물을 재배하거나 동물을 키우려면, 또 사람이 살아가려면 충분한 난방장치가 되어 있어야 해요. 또 화성에는 태양 방사선이 내리쬐고 있어서 태양 방사능으로부터 보호할 수 있는 장치도 있어야 해요. 넘어야 할 **난관**이 한두 개가 아니랍니다. 그래도 도전은 계속되고 있어요.

탐색하기

1 **어휘 탐색**

   ① **육안** : 눈
   ② **난관** : 어떤 일을 하는 데 마주한 어려운 고비

2 **내용 탐색 : 맞는 내용을 선택하세요.**

   ① 돌아올 수 없는 화성 이주 신청에 (많은 / 적은) 사람이 신청했다.
   ② 최근 '스페이스 X'에서는 (100명 / 10명)이 탑승할 수 있는 '스타십' 우주 로켓 발사를 시험했다.

깊이 생각하고 자신의 의견 써 보기

1 **화성 이주 프로젝트에 참여할 기회가 있다면 도전할지를 생각해 보세요.**

2 **화성 이주 프로젝트를 위한 엄청난 비용을 지구 환경을 보존하는 데 사용하자는 주장이 있어요. 어떻게 생각하는지 적어 보세요.**

26 우주군이 창설되다

✹ 과학 지식

우주전쟁 영화에서 보면 미래에 외계인이 지구를 침공하고 그들을 막는 스토리를 '우주전쟁'이라고 하지요. 그런데 우주는 이미 보이지 않는 전쟁의 공간으로 활용되고 있어요. 많은 나라에서 군 정찰 위성을 우주 공간에 쏘아 올리고 있답니다.

✹ 과학신문 읽기

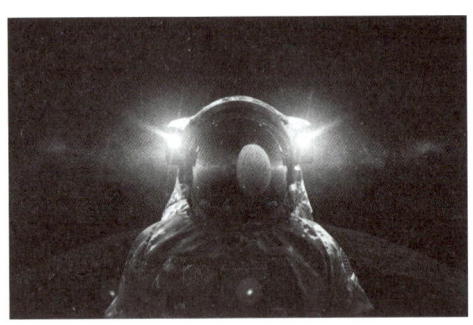

우주를 지키는 군인이 생겼어요. 이름은 '우주군'이에요. 우주로부터 무엇을 지키려고 우주군을 만들었을까요? 외계인으로부터 지구를 지키는 임무를 맡은 걸까요?

미국에서 '우주군'이 창설되었어요.
2019년 미국에서 '우주군'이 만들어졌어요. 이제 우주 공간도 자국의 안전을 위해 지켜야 할 공간으로 생각하고 있어요. 우주 공간을 통해 적이 로켓을 발사할 수 있기 때문이지요. 땅에서 발사한 로켓이 대기권 밖까지 올라가서 우주 공간을 통해 목표물에 낙하하면 엄청나게 빠른 속도로 떨어진다고 해요. 방어하기가 무척 어려운 일이 되는 것이지요. 우주군은 사전에 이런 공격을 막아 내는 역할을 해요.

우주 공간을 이용하여 각종 정보를 주고받아요.
최근 우크라이나와 러시아 전쟁에서 우주 공간은 큰 주목을 받았어요. 우크라이나는 전쟁으로 인해 자국의 각종 **정보통신망**이 마비되었어요. 그런데 인공위성을 통해 인터넷 및 각종 정보들을 주고받을 수 있었어요. 우주 공간이 전쟁 중에도 통신을 유지할 수 있는 유일한 공간이 된 것이지요.

우리나라도 '우주작전대대'를 만들었어요.
2022년 우리나라도 '우주작전대대'를 만들었어요. 공군의 우주작전을 계획하고 조정 및 통제하는 역할을 한다고 해요. 평시에는 우주를 통해 우리나라에 접근하는 물체들을 감시하는 역할을 해요. 앞으로 군 정찰위성을 통해 각종 임무를 수행할 것이라고 해요. 이제 우주 과학 기술은 국가 안보에 무척 중요한 역할을 한답니다.

탐색하기

1 **어휘 탐색**

   ❶ **창설** : 어떤 기관이나 단체를 만듦
   ❷ **정보통신망** : 각종 자료 전송 및 통신을 유지하기 위한 기술들의 집합체

2 **내용 탐색** : 맞는 내용을 선택하세요.

   ❶ 우주는 나라의 안전을 위해 (중요한 공간이다 / 필요 없는 공간이다)
   ❷ 우리나라에는 우주를 감시하는 군대가 (없다 / 있다)

깊이 생각하고 자신의 의견 써 보기

1 우리 나라 역사에서 뛰어난 과학 기술로 나라를 지킨 사례를 조사해 보세요.

2 만약 우리 나라가 우주를 감시하고 지키는 기술력이 없다면 어떤 위험이 있을지 생각해 보세요.

우주 쓰레기 제거 기술을 연구한다

과학 지식

우주 쓰레기 공해, 수질오염, 대기오염 등 지구 환경 문제가 대두되고 있어요. 그런데 이제 지구를 넘어 우주 쓰레기로 고민을 하고 있어요. 지구에서 우주로 쏘아 올린 많은 인공위성이 고장 난 상태로 지구 대기권 밖에서 엄청 빠른 속도로 비행하고 있어요.

과학신문 읽기

우주를 청소하는 직업을 들어 본 적 있나요? 우주 공간에 떠다니며 지구를 위협하는 고장 난 인공위성들을 치우는 일이에요. 고장 난 인공위성은 **대기권** 밖에서 통제되지 않은 채 자율 비행을 하고 있어요.

한반도에 인공위성 추락 경보가 발령되었어요.
2023년 1월 9일 **한반도**에 인공위성 추락 경계경보가 발령되었어요. 미국의 ERBS 인공위성이 수명을 다하고 우주를 떠돌다가 지구로 떨어졌어요. 한반도 상공을 지날 것으로 예상되어 안전문자를 보냈어요. "12시 20분~13시 20분에 한반도 인근에 미국 인공위성의 일부 잔해물이 추락할 가능성이 있습니다. 해당 시간 외출 시 유의하여 주시기 바랍니다."

우주 쓰레기는 빠른 속도로 늘어나고 있어요.
우주 공간에 버려지는 인공위성이 늘어나고 있어요. 인공위성뿐 아니라 우주로 발사된 로켓에서 분리된 추진체 등 많은 물체가 우주에 버려지고 있어요. 2021년을 기준으로 약 2만 8,000대의 물체가 떠돌아다니고 있어요. 이렇게 버려진 우주 쓰레기가 서로 충돌해서 더 작은 조각 파편으로 총알보다 빠른 속도로 움직이고 있답니다. 실제 미국의 우주정거장에 있던 승무원들이 우주 쓰레기 파편들을 피해 대피하는 일도 있었어요.

우주 쓰레기를 청소하는 작업이 시작되었어요.
여러 나라의 민간 기업에서 우주 쓰레기를 청소하는 기술을 연구하고 있어요. 로봇 팔이 달린 인공위성으로 우주 쓰레기를 잡아서 지구 대기권으로 던지는 것이에요. 지구 대기권에 진입한 우주 쓰레기가 불에 타서 없어지게 하는 방법이지요. 이 밖에도 강한 자력을 지닌 청소용 인공위성으로 우주 파편을 끌어 당겨서 함께 지구 대기권으로 추락하면서 불타 없어지는 방식도 연구하고 있어요.

탐색하기

1 어휘 탐색

❶ **대기권** : 지구를 둘러싸고 있는 공기층
❷ **한반도** : 우리나라 국토를 표현하는 말

2 내용 탐색 : 맞는 내용을 선택하세요.

❶ 우주 쓰레기는 (심각한 상황이다 / 염려할 필요가 없다)
❷ 우주 쓰레기는 빠른 속도로 (줄어들고 있다 / 늘어나고 있다)

깊이 생각하고 자신의 의견 써 보기

1 우주 쓰레기를 청소하는 새로운 방법을 생각해 보세요.

_____
_____
_____

2 '더 이상의 우주 쓰레기를 만들지 않기 위해 인공위성을 발사하지 말아야 한다.'는 의견에 찬성 또는 반대하고 그 이유를 말해 보세요.

_____
_____
_____

3장

미래과학
– AI, 유전공학, 첨단과학, 친환경

28 사람의 감정을 읽는 인공지능 AI가 나온다

※ 과학 지식

감정 인간이 어떤 일이나 사건 등을 마주했을 때 일어나는 마음의 움직임을 감정이라고 해요. 사람은 기쁨, 슬픔, 분노, 즐거움, 설렘, 우울, 미움, 행복감, 질투, 편안함 등 다양한 감정을 표현하지요.

※ 과학신문 읽기

스마트폰이 내 얼굴 표정을 보고 내 감정을 알아차린다면 어떻게 될까요? 내가 우울한 감정을 느끼면 내게 기운이 나는 노래를 추천할지도 몰라요. 나에게 위로가 필요할 때 그 감정을 먼저 알아채고 위로가 되는 말을 해 줄 수도 있어요.

인공지능이 인간의 감정을 배우고 있어요.

미국 매사추세츠 공과대학교(MIT) 벤처기업 어펙티바(Affectiva)에서 인간의 감정을 읽는 연습을 인공지능 AI에 적용시켰어요. 약 2,900만 개의 다양한 얼굴 영상을 학습시키고 그 얼굴 표정에서 수많은 감정에 대한 정보를 수집하고 배워 나가게 했어요. 음성이나 몸 동작 등도 함께 **복합적**으로 익히게 했어요.

카메라와 인공지능을 결합했어요.

한국 카이스트 연구팀에서 근적외선 카메라에 AI 기술을 접목시켜 사람의 얼굴 표정을 통해 감정을 인식하는 기술을 개발했어요. 이 카메라를 이용하면 일상에 널리 사용되는 작은 크기의 카메라를 이용해 사람의 감정을 읽을 수 있게 되지요. 이제 이 카메라가 장착된 스마트폰으로 친구 얼굴을 보면 친구의 감정 상태를 읽을 수 있을지도 몰라요.

감정을 느끼는 로봇을 연구 중이에요.

여러 나라에서 인간의 감정을 읽는 인공지능을 로봇에 접목하는 연구를 하고 있어요. 만약 사람의 감정을 알아채는 인공지능을 로봇에 부착하면 어떻게 될까요? 로봇이 사람의 감정을 읽고 직접 위로해 줄 수도 있어요. 축하해 줄 일이 있을 때는 함께 기뻐해 줄 수도 있고요. 그러면 생일에 나를 축하해 주는 로봇과 함께 생일파티를 할 수도 있어요. 어쩌면 인간의 감정을 읽으면서 마음을 치료해 주는 **심리 상담** 로봇이 등장할지도 몰라요. 이처럼 인간의 감정을 읽는 인공지능은 인간 삶의 아주 깊은 곳까지 영향을 줄 수 있어요.

탐색하기

1 **어휘 탐색**

　❶ **복합적** : 2가지 이상의 것들을 하나로 합침
　❷ **심리상담** : 개인의 마음을 들여다보고 대화하며 치유해 주는 심리학의 한 방법

2 **내용 탐색** : 맞는 내용을 선택하세요.

　❶ AI에게 사람의 감정을 학습시키기 위해 (한 개의 / 수백만 개의) 영상을 보여 주었다.
　❷ 사람의 감정을 읽을 수 있는 인공지능은 인간 삶에 (많은 / 적은) 영향을 줄 것이다.

깊이 생각하고 자신의 의견 써 보기

1 **나의 감정을 잘 알아채는 로봇이 나와 친구를 하자고 하면 어떻게 할 건가요?**

2 **인공지능에게 나의 감정을 감추려면 어떻게 하면 될지 생각해 보세요.**

29 인간의 뇌를 인공지능과 연결시킨다

✹ 과학 지식

<u>인공지능(AI)</u> 스스로 학습할 수 있는 컴퓨터를 말해요. 이 컴퓨터는 사진, 글, 영상, 소리 등의 정보를 통해 스스로 배워 나갈 수 있다고 해요.

✹ 과학신문 읽기

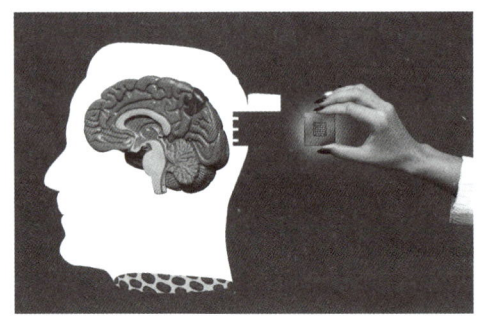

인공지능(AI)과 인간의 뇌를 연결시키는 연구가 진행되고 있다고 해요. 이미 원숭이의 뇌에 **컴퓨터 칩**을 연결하는 실험이 진행되었어요.

생각만으로 스마트 기기를 움직일 수 있을 거라고 해요.
'뉴럴링크'라는 미국의 한 기업에서 뇌와 컴퓨터를 연결하려는 연구를 하고 있어요. 뉴럴링크에서 공개한 유튜브 영상에는 컴퓨터 칩을 삽입한 원숭이가 조이스틱 없이 비디오 게임을 하고 있는 모습을 볼 수 있어요. 뇌와 스마트 기기가 **블루투스** 연결이 되는 것이지요.

시각 장애, 청각 장애로 어려움을 겪는 것을 극복할 수 있을 거라고 해요.
시각 장애, 청각 장애를 겪는 사람들이 뇌에 인공지능 칩을 연결해서 장애를 극복할 수 있을 거라고 해요. 예를 들어 몸에 카메라를 부착하고, 뇌에 부착된 인공지능 칩이 그것을 뇌에 전달해 주는 것이지요. 소리도 마찬가지예요. 몸에 소리 인식 장치를 부착하고, 주변에서 들리는 소리를 뇌에 부착된 인공지능 칩이 인식해서 뇌에 전달해 주는 거예요.

아직 더 많은 실험 과정이 필요하다고 해요.
인간의 뇌에 인공지능 컴퓨터 칩을 연결하는 것은 아직 많은 위험이 있을 수 있어요. 잘못하면 **뇌신경** 손상을 가져올 수 있다고 해요. 그래서 인공지능 컴퓨터 칩을 인간의 뇌에 연결하는 실험을 반대하는 사람들도 있어요. 어떤 부작용이 생길지 모르기 때문이에요. 하지만 꾸준히 연구가 지속되어야 한다고 주장하는 이들도 있어요.

동물보호단체에서는 반대의 목소리가 높아요.
돼지나 원숭이의 뇌에 컴퓨터 칩을 연결하는 실험에서 많은 동물이 죽었어요. 동물보호단체에서는 동물 학대라고 주장하고 있어요. 한편 지지하는 이들은 뇌과학 연구를 위해 어쩔 수 없는 희생이라고 주장하고 있어요.

🔍 탐색하기

1 어휘 탐색

- ❶ **컴퓨터 칩** : 컴퓨터 반도체 일부분. 정보를 전달하는 역할을 함
- ❷ **블루투스** : 스마트 기기와 무선 연결할 수 있는 기능
- ❸ **뇌신경** : 뇌와 신체 각 부분에 정보를 전달해 주는 연결선

2 내용 탐색 : 맞는 내용을 선택하세요.

- ❶ 원숭이 뇌에 컴퓨터 칩을 연결하는 것은 (가능하다 / 불가능하다)
- ❷ 동물보호단체에서는 뇌에 컴퓨터 칩을 연결하는 실험을 적극 (찬성한다 / 반대한다)
- ❸ 컴퓨터 칩을 뇌에 연결해서 각종 신체 장애를 극복할 가능성이 (있다 / 없다)

💡 깊이 생각하고 자신의 의견 써 보기

1 내가 동물보호단체 회원이라고 가정하고, 뇌와 컴퓨터 칩을 연구하는 것을 반대하는 주장과 이유를 생각해 보세요.

_____

_____

_____

2 내가 뇌과학자 입장에서 뇌와 컴퓨터 연결을 찬성하는 주장과 이유를 생각해 보세요.

_____

_____

_____

30 유전자를 이용해 스스로 빛을 내는 식물을 만든다

✸ 과학 지식

유전자 생물이 다음 세대인 자식에게 어떤 특징을 전달해 줄 때 필요한 정보의 가장 기본이 되는 것을 유전자라고 해요. 예를 들어 엄마의 오똑한 코를 닮은 아이는 엄마의 코 모양 유전자를 전달받은 것이지요.

✸ 과학신문 읽기

국화꽃에서 빛이 나게 하는 기술이 영국에서 만들어졌다고 해요. 이 꽃을 방에 두면 어두운 밤에도 빛이 나는 꽃을 감상할 수 있겠지요. 어떻게 꽃이 스스로 빛을 내게 했을까요?

먼저 스스로 빛을 내는 다른 생물을 찾아요.
버섯 중에서 스스로 빛을 내는 종류가 있다고 해요. 영국의 '카렌 사르키샨 영국 의학연구위원회' 합성생물학 연구팀이 스스로 빛을 내는 버섯에서 **발광** 유전자를 **추출**했다고 해요. 이 유전자를 국화꽃에 넣은 거죠. 그랬더니 국화꽃도 빛을 내는 기능을 할 수 있게 된 거예요.

책을 읽을 수 있을 정도의 빛을 내는 식물을 만들고 있어요.
미국 매사추세츠 공과대학교(MIT)의 화학공학과 마이클 스트라노 교수는 책상 조명으로 사용할 수 있는 밝은 빛을 내는 식물을 만드는 것이 목표임을 밝혔어요. 그렇게 된다면 이제 전등 없이 책을 읽을 수 있게 되지요. 2018년에는 약 3~4시간 빛을 내는 데 성공했다고 해요. 지금은 얼마나 더 많은 연구가 진행되었을지 궁금하네요.

스스로 빛을 내는 식물은 관리하기가 쉽다고 해요.
스스로 빛을 내는 기능을 이용하면 식물 관리가 더 쉬워진다고 해요. 예를 들어 물이 부족하거나 영양분이 부족하면 빛의 밝기가 변하는 거죠. 그 빛의 강도나 색의 변화를 통해 적절한 시기에 물이나 영양분을 채워 주면 건강해지겠지요.

스스로 빛을 내는 식물은 여러 가지로 활용 가능성이 높아요.
만약 산책로에 스스로 빛을 내는 식물을 심으면 어떻게 될까요? 어두운 밤에도 무섭지 않게 산책할 수 있겠지요. 밝은 빛을 내는 식물을 실내에 두면 밤에 전기를 사용하지 않고서도 방을 밝힐 수 있고요.

탐색하기

1 어휘 탐색

- ❶ **발광** : 빛을 내며 퍼지게 하는 현상
- ❷ **추출** : 어떤 물질에서 특정한 성분만을 빼내는 방법

2 내용 탐색 : 맞는 내용을 선택하세요.

- ❶ 스스로 빛을 내는 버섯에서 (발광 유전자 / 성장 호르몬)를(을) 추출하여 꽃에 주입하면 빛을 내는 꽃을 만들 수 있다.
- ❷ 스스로 빛을 내는 식물은 빛의 강도와 색 변화를 관찰하면 관리하기가 더 (쉬워진다 / 어려워진다)

깊이 생각하고 자신의 의견 써 보기

1 빛이 나는 식물을 이용하여 생활을 더욱 편리하게 할 수 있는 방법을 생각해 보세요.

2 빛이 나는 식물이 방에 있을 때의 장점과 단점은 무엇이 있을까요?

31 몸짱 돼지가 있다

✴ 과학 지식

유전공학 유전자를 자르거나 붙이고 또는 다른 형태로 변형시키는 것을 연구하는 학문이에요. 예를 들어 암을 일으키는 유전자를 발견해서 잘라 버리는 것이지요. 유전공학은 세대를 거쳐 이어지는 모든 생물에 적용할 수 있어요. 앞으로 연구하고 개발해야 할 부분이 무궁무진한 분야예요.

✴ 과학신문 읽기

돼지 하면 무엇이 떠오르나요? 몸이 뚱뚱하고 많은 지방이 떠오르지요. 돼지는 지방이 많아요. 그 지방을 우리는 보통 비계라고 불러요. 삼겹살을 먹을 때 하얗게 보이는 부분이지요. 적당한 비계가 붙어 있을 때 감칠맛이 나서 돼지고기가 맛있어요.

지방이 적고 근육이 많은 돼지가 있어요.
유전공학자들이 지방이 적고 근육이 많은 몸짱 돼지를 만드는 데 성공했어요. 쉽게 표현해서 마치 돼지가 헬스를 해서 우락부락한 근육질 몸을 갖게 된 것이지요. 돼지에게 억지로 운동을 하게 해서 만든 게 아니에요. 이 돼지는 근육이 가득한 돼지로 성장할 수 있도록 태어나게 한 거예요. 근육이 많기 때문에 비계라고 불리는 지방은 별로 없어요.

유전자를 조작하면 근육질 돼지로 태어나게 할 수 있어요.
모든 생명체에는 DNA라는 **유전자**가 있어요. 일종의 설계도 같은 거예요. 예를 들면 머리카락 굵기, 눈 모양, 코 모양, 손가락과 발가락 개수 등을 잘 계획해 놓은 기록장치 같은 거예요. 유전공학자들이 돼지의 DNA에서 근육의 양을 늘리는 설계도를 만들었어요. 지방은 생성되지 않게 돼지의 DNA에서 지방과 관련된 설계도를 잘라 버린 거죠. 유전공학자들이 설계해 놓은 DNA대로 돼지를 성장시킨 거예요. 결국 지방이 많은 뚱뚱한 돼지가 아니라 근육이 가득한 돼지로 커 버린 것이지요.

비계가 적고 살이 많은 돼지고기를 양산하기 위해 만들었어요.
근육이 많은 돼지로 성장하게 하는 유전자 조작 돼지를 만든 이유는 살코기가 많은 돼지고기를 생산하기 위해서예요. 아직 **상용화**되지는 않았지만 앞으로는 지방이 적고 단백질이 더 풍부한 돼지고기를 정육점에서 볼 수 있을 거예요. 보다 많은 연구와 안정성에 대한 연구가 필요한 상황이에요. 근육이 많은 몸짱 돼지를 슈퍼 돼지라고 불러요.

🔍 탐색하기

1 **어휘 탐색**

　　❶ **유전자** : 부모의 특징이 다음 세대에 나타나게 하는 원인에 대한 정보
　　❷ **상용화** : 일상에서 사용될 수 있을 만큼 널리 보급됨

2 **내용 탐색** : 맞는 내용을 선택하세요.

　　❶ 슈퍼 돼지는 (유전자 조작으로 / 운동량을 늘려) 만들었다.
　　❷ 슈퍼 돼지는 (지방 / 단백질)이 많다.

💡 깊이 생각하고 자신의 의견 써 보기

1 **만약 유전자 조작을 통해 몸짱 사람으로 성장하게 한다면 나는 찬성할지 반대할지 생각해 보고 그 이유를 이야기해 보세요.**

_____

_____

_____

2 **내가 만약 유전공학자라면 어떤 연구를 해서 사람들에게 도움이 되는 일을 할지 고민해 보세요.**

_____

_____

_____

닭으로 공룡을 만든다

✳ 과학 지식

공룡 지금으로부터 약 2억 5,000만 년 전에 처음 나타나기 시작해서 지구와 행성의 충돌로 인해 멸종했다고 알려져 있어요. 화석을 통해 연구가 진행되고 있어요. 우리나라에서도 많은 공룡 화석이 발견되고 있는데, 옛날에는 실제 공룡이 살아가는 **서식지**였다고 해요.

✳ 과학신문 읽기

공룡은 모두 멸종한 것으로 알고 있지요? 하지만 아직도 공룡이 살아 있다고 주장하는 학자들이 있어요. 유전공학자들은 닭이 공룡에서 진화했다는 연구를 발표했어요. 정말 사실이라면 우리가 자주 먹는 치킨이 사실은 공룡이었네요.

공룡도 깃털을 갖고 있었어요.

우리가 영화에서 보는 공룡은 깃털이 없지요. 마치 파충류나 악어의 표면처럼 표현됩니다. 하지만 공룡 화석에서 깃털이 달린 것이 발견되었어요. 단지 깃털이 달렸다는 이유만으로 닭이 공룡에서 진화했다는 주장은 아직 부족해 보여요. 하지만 결정적인 증거가 발견되기 시작했어요.

공룡의 골반뼈와 닭의 골반뼈 모양이 무척 비슷해요.

골반뼈는 척추와 다리를 연결해 주는 중요한 부분이에요. 놀랍게도 공룡 화석에서 발견된 골반뼈와 닭의 골반뼈 모양이 매우 유사하다고 해요. 이 말은 공룡의 걸음걸이와 닭의 걸음걸이가 무척 비슷할 거라는 거예요.

닭의 부리에서 이빨이 나게 했어요.

공룡의 진화를 연구하는 학자들이 닭의 유전자를 조작하는 실험을 했어요. 그랬더니 병아리의 부리에서 이빨이 나왔어요. 공룡이 닭으로 진화하기 전의 모습이었던 것이지요. 또 닭의 발을 공룡의 발처럼 나오게 유전자를 실험했어요. 닭의 꼬리를 공룡의 꼬리처럼 만들기도 했고요. 이렇게 닭의 신체 일부분을 **진화**하기 전의 공룡 모습으로 유전자 실험을 통해 만드는 데 성공했어요. 하지만 이 실험체를 진짜 살아 있는 모습으로 탄생하게 하지는 않았다고 해요. 생명윤리에 어긋나는 부분이 있기 때문이에요. 머지않아 공룡의 모습과 흡사한 생명체가 닭의 유전자 연구를 통해 만들어질 가능성이 높아요.

🔍 탐색하기

1 어휘 탐색

> ❶ **서식지** : 어떤 생물이 살아가는 환경이나 장소
> ❷ **진화** : 생물이 오랜 세월 동안 그 특성이나 모양을 변화시키는 과정

2 내용 탐색 : 맞는 내용을 선택하세요.

> ❶ 연구원들이 (닭 / 고양이)의 유전자를 조작하여 공룡의 이빨을 만드는 데 성공했다.
> ❷ 닭의 유전자를 조작하여 공룡처럼 만든 생명체를 (탄생시켰다 / 탄생시키지 않았다)

💡 깊이 생각하고 자신의 의견 써 보기

1 공룡처럼 만든 생명체를 탄생시키지 않은 윤리적 이유가 무엇일지 생각해 보세요.

_____
_____
_____

2 과거의 많은 공룡을 유전자 조작으로 실제로 만들어 낸다면 어떤 일이 일어날까요?

_____
_____
_____

33 사람의 뇌를 가진 쥐를 만든다

✹ 과학 지식

오가노이드 오가노이드란 '장기와 비슷한'이라는 뜻이에요. 폐, 간, 뇌, 심장 같은 신체의 장기와 비슷하게 줄기세포 등을 이용해 3D 프린트처럼 입체적으로 만드는 거예요. 미니장기라고도 불러요. 이 기술을 발전시켜 아픈 장기를 치료 또는 교체하는 연구를 하고 있어요.

✹ 과학신문 읽기

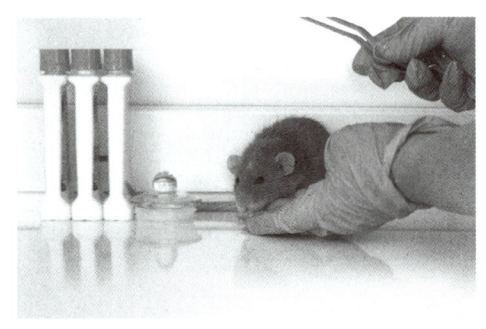

머지않아 병원에서 심장, 간, 폐 등을 쇼핑하는 시대가 온다면 기분이 어떨까요? 심장과 같은 중요한 장기가 아플 때, 큰 수술이나 치료 과정 대신 간단하게 오가노이드 심장으로 교체된다면 많은 사람을 살릴 수 있지요.

오가노이드 '미니뇌'를 만들었어요.

2022년 미국 스탠퍼드 대학교 연구팀이 실험실에서 사람의 **줄기세포**를 이용해 오가노이드 형태의 미니뇌를 만들었어요. 그리고 이것을 쥐의 뇌에 이식하는 데 성공했어요. 6개월 후 이식한 오가노이드 미니뇌가 쥐의 뇌에 잘 안착된 것을 확인할 수 있었어요. 아직까지는 실험 초기 단계라서 쥐가 사람처럼 생각하거나 높은 지능을 갖게 되는 위험은 없다고 밝혔어요.

한국에서 '미니심장'을 만들었어요.

한국 기초과학연구원(IBS) 연구팀에서 심장 오가노이드를 제작하고 **배양**하는 기술을 개발했어요. 미니심장을 만들 수 있는 기술이지요. 크기가 작고 아직 개발 단계에 있기 때문에 지금 당장 심장병을 치료하는 데 사용하지는 못해요. 하지만 미니심장을 이용해 인간의 심장병을 치료하는 약물 등을 실험할 수 있어요. 또 미니심장을 쥐에 이식해 심장 재생치료 가능성을 확인했다고 해요.

오가노이드 장기를 통해 많은 실험동물을 살릴 수 있어요.

지금까지 신약 및 새로운 치료 기법을 연구하기 위해 동물을 대상으로 오랜 기간 동안 실험을 했어요. 하지만 이제 오가노이드 기술을 이용해 인공적으로 배양한 미니장기를 이용해 그러한 실험을 대체할 수 있게 되었어요. 더 나아가 오가노이드 기술을 이용해 사람의 장기를 대체할 수 있는 날도 오게 될 거예요. 인간의 각종 장기 기능을 수행하는 부분을 입체적으로 배양하기 위한 기술 인력이 여러 분야에서 필요할 거예요. 여러분도 도전해 보세요.

탐색하기

1 **어휘 탐색**

   ① **줄기세포** : 세포 중에 특정한 조직으로 분화 성장하는 세포
   ② **배양** : 생물 또는 생물체의 일부를 인공적으로 키우는 일

2 **내용 탐색 : 맞는 내용을 선택하세요.**

   ① 오가노이드란 신체 조직과 (똑같다는 / 비슷하다는) 뜻이다.
   ② 스탠퍼드 대학교 연구팀에서 쥐에 이식한 미니뇌는 (성공적으로 안착했다 / 안착하지 못했다)

깊이 생각하고 자신의 의견 써 보기

1 **우리 집 반려견의 뇌에 오가노이드 인간 뇌를 이식하여 말을 하게 할 수 있다면 그렇게 할 건가요? 어떤 선택을 할지 생각해 보고 그 이유를 말해 보세요.**

___

___

___

2 **오가노이드 기술을 이용해 각종 장기를 개발하기 전에 윤리적인 기준을 세우려고 합니다. 어떤 윤리 기준이 꼭 들어가야 할지 2가지 정도 생각해 보세요.**

___

___

___

87

34. 드론이 전쟁의 판도를 바꾼다

✳ 과학 지식

드론 조종사가 타고 있지 않은 상태에서 무선 조종으로 하늘을 나는 항공기를 드론이라고 해요. 벌레처럼 작은 드론도 있고, 비행기처럼 큰 드론도 있어요. 최근에는 하늘을 나는 드론뿐 아니라 배, 잠수함 등도 드론처럼 무인 조종으로 움직이는 수상 드론, 해저 드론이 개발되고 있어요.

✳ 과학신문 읽기

우크라이나와 러시아가 전쟁을 하는 동안 전쟁의 모습이 바뀌었어요. 그동안 드론은 산업 기술에서만 사용했어요. 그리고 일상을 편리하게 만드는 역할로만 생각했어요. 택배를 나른다거나 드론 택시를 이용하여 새로운 교통수단으로 사용하려고 했지요. 하지만 안타깝게도 전쟁에서 사용되고 있어요.

드론으로 적군의 움직임을 파악해요.
예전에는 적군의 움직임을 비행기를 타고 정찰하면서 파악했어요. 또는 직접 적지에 몰래 들어가서 동태를 살폈어요. 비행기를 움직이려면 많은 비용이 들어요. 비행기가 **격추**되기라도 하면 인명 피해도 생기고요. 직접 적지에 몰래 들어가는 일은 목숨을 내놓는 일이에요. 그런데 이제는 드론만 있으면 적군의 움직임을 영상을 통해 실시간으로 볼 수 있어요.

드론에서 폭탄을 떨어뜨려요.
택배를 나르기 위해 만든 드론에 물건 대신 폭탄을 싣고 적군 머리 위로 날아가 폭탄을 떨어뜨렸어요. 심지어 적 전차나 탱크, 군인들이 머무는 막사에도 떨어뜨렸어요. 드론은 조용히 날아가서 폭탄을 떨어뜨리기 때문에 미처 피하기가 어려워요. 결국 많은 군인이 드론이 떨어뜨린 폭탄에 맞아 목숨을 잃었어요.

자폭 드론도 있어요.
드론에서 폭탄을 떨어뜨리는 것보다 더 정확하게 목표를 맞힐 수 없을까 생각했어요. 그래서 드론을 직접 목표물에 부딪치면서 폭탄이 터지게 만들었어요. 자폭 드론이라고 해요. 원격으로 조정하기 때문에 목표물까지 정확하게 다가갈 수 있어요. 폭탄이 터지면서 드론도 함께 망가지지만 드론은 값싸게 많이 만들 수 있기 때문에 지장이 없어요. 이제 많은 양의 드론을 대량 생산할 수 있는 역량과 기술을 갖춘다면 전쟁의 양상을 바꿀 수 있게 되었어요. 값비싼 전차, 미사일, 전투기보다 훨씬 더 효용성이 높아졌어요.

🔍 탐색하기

1 어휘 탐색

❶ **판도** : 어떤 힘이나 영향력이 미치는 범위
❷ **격추** : 따라가서 충격을 가함

2 내용 탐색 : 맞는 내용을 선택하세요.

❶ 전쟁터에서 드론으로 (폭탄 / 아이스크림)을 떨어뜨려 공격한다.
❷ 폭탄을 떨어뜨리는 방식이 아닌 직접 부딪치면서 폭발하는 드론을 (자폭 드론 / 폭탄 드론) 이라고 한다.

💡 깊이 생각하고 자신의 의견 써 보기

1 드론으로 많은 살상 무기를 만드는 것에 찬성하는지 반대하는지 선택하고 그 이유를 적어 보세요.

_____

_____

_____

2 내가 만약 드론 조종사가 된다면 드론으로 어떤 일을 하고 싶은지 생각해 보세요.

_____

_____

_____

35 고무처럼 길게 늘어나는 텔레비전이 나온다

✸ 과학 지식

액체금속 사람이 살아가는 일상 온도에서 액체 상태로 머무는 금속을 말해요. 다른 금속과 마찬가지로 열이나 전기를 통하게 할 수 있어요. 액체금속을 얇게 펴서 바르면 늘어난 상태에서도 전기를 통하게 할 수 있어요. 액체금속은 늘어나는 전자기기를 만드는 데 소중한 재료로 쓰일 전망이에요.

✸ 과학신문 읽기

이제 늘어나는 TV, 늘어나는 컴퓨터 화면을 볼 수 있게 되었어요. 화면을 고무처럼 늘어나게 하는 기술이 빠르게 발전하고 있어요.

액체금속으로 늘어나는 전자회로 기판을 만들었어요.
한국 카이스트에서 액체금속으로 전자회로 **기판**을 고무처럼 늘어나게 하는 기술을 개발했어요. 이 말은 전자회로 기판을 구부리거나 접어서 전자기기 내부에 설치할 수 있다는 거예요. 그렇게 되면 훨씬 더 다양한 모양의 전자 제품을 만들 수 있게 되는 거지요.

한국에서 고무처럼 늘어나는 화면을 만들었어요
한국 기초과학연구원(IBS) 연구팀에서 고무처럼 늘어나는 화면을 만들었어요. 이전에도 이런 기술은 있었지만 **화질**이 흐려지는 단점이 있었지요. 그런데 이번에 개발한 기술은 화질의 선명도를 유지하면서 화면을 늘일 수 있게 되었어요. 이 기술이 상용화되면 작은 집에서 큰 집으로 이사 가면서 TV를 바꾸지 않아도 될 거예요. 큰 집의 벽에 맞게 텔레비전을 잡아 늘이면 되니까요. 여행을 갈 때도 집에 있는 TV를 둘둘 말아서 들고 다닐지도 몰라요.

몸속에 전자기기를 넣을 수도 있어요.
전자기기를 고무처럼 늘어나거나 구부러지게 하는 기술이 발전하면서 이제 전자기기를 사람 몸에 이식시키는 연구도 하게 되었어요. 사람 몸의 신경들도 엄밀히 말하면 각종 전기신호를 통해 정보를 전달해요. 이제 이런 신경 또는 신체 일부에 구부러지는 전자회로를 심을 수 있게 되었어요. 구부러지는 전자회로 기판을 시신경에 연결하면 앞이 보이지 않던 사람에게도 시각 정보를 전달할 수 있어요. 하루 빨리 이런 기술들이 상용화되면 좋겠네요.

탐색하기

1 **어휘 탐색**

> ❶ **기판** : 작은 전기·전자 부품들을 고정하고 서로 연결해 주는 역할을 하는 평평한 판
> ❷ **화질** : 화면의 밝기, 선명함 등을 결정하는 정도

2 **내용 탐색** : 맞는 내용을 선택하세요.

> ❶ 구부러지는 전자회로 기판으로 다양한 모양의 전자기기를 만들 수 (있다 / 없다)
> ❷ 한국 기초과학연구원에서 개발한 화면을 고무처럼 늘이는 기술은 화면의 (선명함 / 꺼짐)
>   을 유지했다.

깊이 생각하고 자신의 의견 써 보기

1 어떤 전자 제품을 구부러지게 만들고 싶은지 생각해 보세요. 그 이유도 말해 보세요.

2 나의 팔에 늘어나는 스마트폰 화면을 붙일 수 있다면 어떻게 할지 생각해 보고 그 이유도 적어 보세요.

36 지구, 열병에 걸리다

✷ 과학 지식

지구 온난화 공기 중에 이산화탄소가 많아지면 태양에서 지구로 들어오는 열에너지가 지구 밖으로 배출되기 어렵다고 해요. 그러면 지구가 점점 뜨거워져요.

✷ 과학신문 읽기

과학자들은 지구 평균 기온이 1.5℃ 올라가면 큰 문제들이 일어날 것으로 예상하고 있어요. 그럼 지구의 평균 기온은 몇 도가 기준일까요? 1800년경부터 측정한 지구 평균 기온은 14℃라고 해요. 14℃에서 1.5℃ 이상 올라가면 지구 온난화 문제가 심각해진다는 것이지요.

이미 지구 최고 평균 기온이 발생했어요.
2023년 7월 3일 지구 평균 기온이 17.1℃로 최고 기록을 세웠어요. 과학자들이 기준으로 잡은 14℃보다 무려 3.1℃나 높아요. 하지만 이것이 끝이 아닐 거라고 해요. 지금과 같은 상태가 지속되면 앞으로 17℃를 훨씬 웃도는 평균 기온이 발생할 거라고 예상하고 있어요.

1℃씩 오를 때마다 지구 생명체는 위험해져요.
환경 **저널리스트**인 마크 라이너스는 자신의 책 『6도의 멸종』에서 지구 평균 기온이 1℃씩 올라갈 때마다 발생할 재난들에 대해 설명하고 있어요. 지난 2,000년 동안 지구 평균 기온은 아주 천천히 1℃밖에 오르지 않았어요. 하지만 산업이 발전한 최근 200여 년 동안 훨씬 빠른 속도로 기온이 올라가는 모습을 보이고 있어요.

지구 온난화로 인한 재난이 시작되고 있어요.
지구 온난화로 숲이 불타 없어지고 있어요. 불타 없어진 자리는 사막화가 시작되었고요. 극지방의 빙하가 녹아서 **해수면**이 높아지고 있어요. 해수면이 높아지면 사람이 살아갈 땅이 물에 잠기게 돼요. 미국에서는 허리케인이 심해지고, 중국에서는 대홍수가 일어나기도 했어요. 태국에서는 최악의 가뭄 사태가 일어났고요. 시베리아 지역 **영구동토층**에 잠자고 있던 바이러스가 퍼지는 일도 발생했어요.

지구 온난화 문제는 먼 미래의 일이 아니에요.
과학자들은 2050년의 지구에 대해 암울한 전망을 예상하고 있어요. 그 전까지 지구의 평균 기온을 낮추기 위해 노력해야 한다고 말해요. 지금 이 기사를 읽고 있는 여러분이 초등학교 3학년(10살)이라면 2050년에는 30대 성인이에요. 결코 먼 미래의 일이 아니지요.

탐색하기

1 어휘 탐색

> ❶ **저널리스트** : 어떤 분야에 대해 조사하여 글을 쓰는 사람
> ❷ **해수면** : 바닷가 물의 높이
> ❸ **영구동토층** : 녹지 않는 얼음 땅

2 내용 탐색 : 맞는 내용을 선택하세요.

> ❶ 지구 온난화로 인한 피해는 (이미 시작되었다 / 아직 발생하지 않았다)
> ❷ 산업이 발전한 이후 지구의 평균 기온은 (매우 느리게 / 매우 빠르게) 올라갔다.
> ❸ 지구 온난화로 인한 인류의 위험은 (수백 년 후 / 수십 년 후)의 일이다.

깊이 생각하고 자신의 의견 써 보기

1 극지방의 얼음이 녹아내리지 않게 할 수 있는 방법은 없을지 생각해 보세요.

_____

_____

_____

2 지구 온난화를 막기 위해 지금 내가 할 수 있는 일들은 무엇이 있을지 적어 보고 실천해 보세요.

_____

_____

_____

삼겹살 먹고 남은 돼지기름으로 자동차가 달린다

✸ 과학 지식

바이오 디젤 돼지기름, 소기름 등과 같은 동물성 기름이나 콩 등에서 나오는 식물성 기름을 이용하여 만든 친환경 연료를 말해요. 이 연료를 사용하여 자동차가 달릴 수 있어요.

✸ 과학신문 읽기

한 유튜버가 자동차에 돼지기름을 넣고 달리는 실험을 했어요. 불판에 돼지비계를 굽고 나오는 기름을 사용했어요. 과연 자동차는 시동이 걸렸을까요?

돼지기름만으로 자동차가 움직였어요.
돼지기름만 넣은 자동차였지만 시동이 걸렸어요. 그리고 천천히 움직였지요. 실험맨은 **자동차 배기구**에서 어떤 냄새가 나는지 맡아 봤어요. 삼겹살 냄새가 난다고 하면서 신기해했어요. 실제로 많은 과학자가 돼지기름, 소기름, 식용유 등을 이용해 석유를 대체할 수 있는 바이오 디젤 연료를 연구하고 있어요.

실제로 바이오 디젤을 사용할 수 있는가?
자동차, 비행기, 배를 움직이려면 많은 양의 석유가 필요해요. 아직까지 석유를 대신해서 돼지기름만으로 이것들을 빠르게 달리게 할 수는 없어요. 하지만 석유와 약간씩 섞어서 사용하는 **친환경** 바이오 연료는 지금도 사용하고 있어요. 많이 섞으면 좋지 않냐고 생각할 수 있지만 돼지기름으로 만든 바이오 연료는 겨울이 되면 얼어서 엔진 고장을 일으킬 수 있다고 해요.

집에 있는 자동차에 돼지기름, 식용유를 넣지 마세요.
실험에서 돼지기름으로 자동차가 움직였다고 해서 함부로 자동차에 넣으면 안 돼요. 잠시 움직일 수는 있으나 결국 엔진에 고장을 일으킬 수 있어요. 바이오 디젤 연료를 사용하려면 아직 많은 연구와 실험이 필요하답니다.

탐색하기

1 **어휘 탐색**

  ❶ **바이오** : '생물'과 같은 말
  ❷ **자동차 배기구** : 자동차 뒷부분에 있는 연기가 나오는 구멍
  ❸ **친환경** : 자연에 좋은 상태

2 **내용 탐색** : 맞는 내용을 선택하세요.

  ❶ 돼지기름으로 디젤 자동차를 움직일 수 (있다 / 없다)
  ❷ 겨울이 되면 돼지기름은 (언다 / 녹는다)
  ❸ 집에 있는 자가용에 돼지기름을 넣으면 (된다 / 안 된다)

깊이 생각하고 자신의 의견 써 보기

1 만약 내가 바이오 디젤을 연구하는 과학자라면 어떤 재료를 가지고 만들어 보고 싶은가요? 이유도 함께 적어 보세요.

2 동물보호단체에서 돼지기름으로 만든 연료를 반대한다면 이를 어떻게 생각하나요?

38 소변으로 비누를 만든다

✺ 과학 지식

비누에 때가 씻기는 이유 비누에는 기름과 친한 성분과 물과 친한 성분이 함께 들어 있어요. 이것을 '계면활성제'라고 해요. 기름과 친한 성분이 지저분한 것들과 세균 같은 것들을 붙잡아 놓아요. 이것을 물과 친한 성분이 틀어 놓은 물과 함께 흘러 내려가게 해요. 그래서 손을 씻으면 손이 깨끗해진답니다.

✺ 과학신문 읽기

많은 사람이 환경오염을 줄이기 위한 노력을 하고 있어요. 대표적인 활동으로 사용한 물건을 **재활용**하는 방식을 선택하기도 하지요. 그 중 버려지는 소변을 이용하여 비누를 만드는 방법이 있다고 해요.

소변은 오래전부터 재활용되었어요.
조선시대의 『규합총서』(1809년)라는 책에 소변을 이용해 비누를 만들어 사용했다는 기록이 있어요. 약 600년경에 기록된 중국 역사책 『북사』에도 소변으로 비누를 만들어 사용했다고 적혀 있답니다. 서양에도 비슷한 기록이 있어요. **고대** 로마시대에 소변과 흙을 섞어서 비누처럼 사용했다고 해요.

최근 환경오염을 줄이는 재활용 차원에서 소변 비누 만들기 캠페인이 생겼어요.
2023년 네덜란드 에인트호번 시에서 소변 비누를 나눠 주는 스토어가 열렸어요. 자신의 소변을 병에 담아 가져가서 주고, 얼마 후에 다시 방문하면 소변으로 만든 비누를 받을 수 있었어요.

소변 비누는 몇 가지 재료를 섞어서 만들어요.
소변 비누를 만들기 위해서는 쓰다 버린 몇 가지 재료가 필요해요. 집에서 음식을 만들고 남은 폐식용유와 귤이나 오렌지 껍질이 필요해요. 수산화나트륨도 필요한데 수산화나트륨은 나무나 종이가 타고 남은 잿가루를 이용하면 돼요. 이것들을 소변과 섞어서 적당히 **가열**하고 천천히 굳게 놔두면 소변 비누가 된다고 해요. 어린이 혼자 만드는 것은 위생 및 화재 위험이 있으니 꼭 어른의 도움을 받아서 안전하게 만들어야 해요.

탐색하기

1 어휘 탐색

- ❶ **재활용** : 사용한 물건을 다시 사용함
- ❷ **고대** : 아주 먼 옛날
- ❸ **가열** : 불을 이용하여 온도를 높이거나 끓임

2 내용 탐색 : 맞는 내용을 선택하세요.

- ❶ 아주 오래전부터 소변을 이용하여 비누처럼 (사용했다 / 사용하지 않았다)
- ❷ 소변을 얼리면 비누가 (된다 / 되지 않는다)
- ❸ 어린이 혼자 소변 비누를 만드는 것은 (위험하다 / 위험하지 않다)

깊이 생각하고 자신의 의견 써 보기

1 소변을 비누로 재활용했다면 대변을 재활용하는 방법은 없을지 조사해 보세요.

2 많은 가정에서 소변 비누를 만들어 재사용하도록 어떻게 설득할 수 있을까요?

39 플라스틱을 먹는 애벌레가 있다

✴ 과학 지식

미세플라스틱 플라스틱이 버려지고 잘게 쪼개지면 미세플라스틱이 돼요. 보통 지름이 1mm 이상 5mm 이하인 조각들이에요. 하지만 눈에 보이지 않을 만큼 작은 것도 많아요.

✴ 과학신문 읽기

플라스틱 제품은 썩는 데 무려 500년 이상이 걸린다고 해요. 이렇게 썩지 않는 플라스틱이 육지와 바다 모두를 오염시키고 있어요.

플라스틱을 태우면 대기가 오염돼요.
플라스틱이 썩어 분해되는 데 시간이 오래 걸리기 때문에 태워 없애 버리면 되지 않을까 생각할 수 있어요. 실제로 플라스틱을 태우면 쓰레기양을 많이 줄일 수 있어요. 하지만 플라스틱이 타면서 검은 연기가 발생하는데, 이것은 대기를 심각하게 오염시켜요. 그래서 많은 과학자가 플라스틱을 태우지 않고 빨리 분해하는 방법을 연구하고 있어요.

많은 미세플라스틱이 문제가 되고 있어요.
버려진 플라스틱이 썩지 않은 채 잘게 부서지고 있어요. 바다에 사는 많은 생물이 자기도 모르게 이 미세플라스틱을 먹고 있어요. 결국 사람이 물고기를 먹으면서 그 미세플라스틱을 몸속에 **축적**하고 있어요. 미세플라스틱이 몸속에 쌓이면 각종 염증을 일으키면서 내부 장기가 **손상**될 수 있다고 해요.

플라스틱을 먹는 애벌레를 발견했어요.
우리가 스티로폼이라고 부르는 하얀색 아이스박스도 플라스틱의 일종이에요. 그런데 이것을 먹어 치우는 애벌레를 발견했어요. 호주 과학자들이 연구 결과를 발표했는데 '수퍼웜'이라는 딱정벌레의 애벌레가 스티로폼을 먹는다는 것을 알아냈어요. 수퍼웜의 몸속에 사는 **미생물**이 스티로폼을 분해한다고 해요.

아직 더 많은 연구가 필요해요.
수퍼웜이 스티로폼을 먹을 수 있다고 하지만 아직 더 많은 연구가 필요해요. 우리가 사용하는 플라스틱은 스티로폼 말고도 훨씬 더 많고 다양하거든요. 플라스틱으로 인해 많은 생명체가 죽고 있어요. 재활용도 꼭 필요하지만, 그것만으로는 쏟아져 나오는 플라스틱을 감당하기 어려워요. 하루빨리 플라스틱을 분해할 수 있는 기술이 개발되어야 할 이유예요.

탐색하기

1 어휘 탐색

- ❶ **축적** : 모여서 쌓임
- ❷ **손상** : 상처가 생기거나 망가짐
- ❸ **미생물** : 눈으로 보이지 않을 만큼 작은 생물

2 내용 탐색 : 맞는 내용을 선택하세요.

- ❶ 미세플라스틱을 먹은 물고기를 사람이 먹으면 몸속에 플라스틱이 (쌓인다 / 배출된다)
- ❷ 수퍼웜은 (모든 / 일부) 플라스틱을 먹을 수 있다.
- ❸ 플라스틱을 재활용하는 것으로 환경오염을 예방하는 데 (충분하다 / 부족하다)

깊이 생각하고 자신의 의견 써 보기

1 지금 사용하고 있는 플라스틱 대신 친환경 물질로 바꿀 수 있는 것을 생각해 보세요.

_____

_____

_____

2 바다에 떠돌아다니는 플라스틱을 수거할 수 있는 방법을 생각해 보세요.

_____

_____

_____

4장

호기심 가득, 도전 과학

공부도 중독될 수 있다

✷ 과학 지식

도파민 인간이 행복을 느끼게 해 주는 호르몬이에요. 행복한 느낌은 어떻게 만들어지는지를 연구하다가 뇌과학자들이 밝혀냈어요. 뇌의 중간 부분에서 이 호르몬이 나온다고 해요.

✷ 과학신문 읽기

뇌과학자들이 관심을 갖고 연구하는 분야가 있어요. 바로 '도파민'이에요. 이 호르몬은 쾌감을 느끼게 해 줘요. 마약에 중독되는 사람들이 마약을 쉽게 끊지 못하는 이유는 이 도파민 때문이라고 해요.

좋은 일에도 도파민이 나와요.

중독을 일으키는 **호르몬**이기에 나쁠 거라 생각할 수 있어요. 하지만 그렇지만은 않답니다. 예를 들어 어린이날이 다가오고 있어요. 며칠 있으면 선물을 받을 수 있을 거라는 기대감에 행복해지죠. 이때도 행복한 느낌이 들 수 있도록 뇌에서는 도파민을 만들어 내요. 선물을 받고 포장을 뜯을 때는 더 많은 도파민이 나와요. 그래서 선물을 받은 그 순간만큼은 정말 행복한 거예요.

공부를 잘하고 싶다면 도파민을 이용하세요.

어렵지만 열심히 수학 문제를 풀어 보세요. 지루하고, 문제도 자꾸 틀리고, 힘들 거예요. 하지만 나중에 수학 시험을 보았을 때 높은 점수가 나오면 뇌에서 도파민을 내보내요. 어려운 문제를 풀었다는 행복한 느낌을 갖게 해 주죠. 수학, 국어, 영어 이렇게 다른 과목들도 비슷한 경험을 하면 뇌에서 도파민이 나와요. 그럼 또 어려운 일을 해냈다는 성취감과 함께 행복을 느끼게 돼요. 이런 일들이 반복되면 이제 공부에 중독되는 거예요.

도파민이 나오는 좋은 경험을 만드는 게 중요해요.

스마트폰 게임, 인터넷 **중독**에 걸리는 이유도 도파민 때문이에요. 그래서 좋은 경험을 만드는 것이 중요해요. 몸과 마음에 좋지 않은 것들을 하면서 도파민이 나오게 하면 나쁜 중독에 걸려요. 하지만 좋은 경험을 하면서 도파민을 나오게 하면 계속 성취감을 느끼는 일들을 할 수 있어요. 운동, 독서, 모험, 공부, 예술 활동을 꾸준히 하면서 도파민을 만들어 내세요. 그럼 행복하면서도 멋진 일들을 해내는 좋은 중독자가 될 수 있답니다.

🔍 탐색하기

1 어휘 탐색

> ❶ **호르몬** : 신체 기관에서 만들어지는 화학물질
> ❷ **중독** : 계속해서 어떤 일을 하고 싶어 하는 강한 욕구

2 내용 탐색 : 맞는 내용을 선택하세요.

> ❶ 도파민은 행복감을 (느끼게 한다 / 느끼게 하지 않는다)
> ❷ 스마트폰 게임을 하면 도파민이 (나온다 / 나오지 않는다)
> ❸ 어려운 일을 도전해서 성취하면 행복한 도파민이 (나온다 / 나오지 않는다)

💡 깊이 생각하고 자신의 의견 써 보기

1 스마트폰 중독에 빠지지 않으려면 어떻게 해야 할지 생각해 보세요.

---

2 나는 어떤 일에 도파민을 이용해서 중독되면 좋을지 생각해 보세요.

41 팔에 날개를 달면 하늘을 날 수 있을까?

✸ 과학 지식

양력 높은 **압력**으로 하늘을 날게 하는 힘을 양력이라고 해요. 새가 날개를 아래로 펄럭이면 날개 아래의 압력이 높아져서 새의 몸을 위로 올라가게 해요. 비행기도 같은 원리로 하늘을 날아요. 날개 아래의 압력을 높게 하면 비행기가 하늘로 뜨게 된답니다.

✸ 과학신문 읽기

인간의 팔이 날개로 바뀐다면 하늘을 날 수 있을까요? 또는 인간의 팔에 큰 날개를 달면 하늘을 날 수 있을까요? 만약 가능하다면 팔에 날개를 달고 하늘을 날아 등교하고, 하늘을 날면서 소풍을 갈 수 있겠지요.

팔에 날개를 달아도 팔을 펄럭이는 힘만으로는 날 수가 없어요.
사람의 팔에 큰 날개를 달고 펄럭여도 하늘을 날 수 없다고 해요. 이유는 몸무게 때문이에요. 새는 하늘을 날기 위해서 날개가 크고 몸이 날개에 비해 작은 편이에요. 그리고 무게를 줄이기 위해 뼛속이 비어 있지요. 하늘을 날지 못하는 닭, 칠면조, 타조 등은 날개는 있지만 하늘을 잘 날지 못해요. 몸이 너무 커서 그렇지요.

팔에 날개를 달고 펄럭이면서 하늘을 나는 실험을 한 사람이 있어요.
네덜란드의 **기계공학자** 자노 스미츠는 펄럭이는 날개를 이용해 하늘을 날았어요. 독수리 날개 같은 걸 달고 팔을 위 아래로 움직이면서 하늘을 나는 영상을 찍었어요. 그 영상을 보고 많은 사람이 깜짝 놀랐어요. 인간의 팔 힘만으로는 날개를 움직여서 하늘을 나는 것은 불가능하기 때문이지요. 엄청 빨리 퍼덕이거나 큰 날개를 움직일 엄청난 힘이 있어야 하는데, 인간의 신체 한계를 뛰어넘는 일이거든요.

팔 힘을 증폭시키는 전동장치를 사용했어요.
자노 스미츠는 팔이 펄럭이는 작은 힘을 전동장치에 연결했어요. **전동장치**는 모터의 힘을 빌려 팔의 힘을 **증폭**시켰어요. 순전히 팔 힘만을 이용해서 하늘을 날지 못한 것에 대한 아쉬움이 크지만, 그래도 새처럼 펄럭이면서 하늘을 날 수 있게 된 최초의 성공적 실험이에요. 언젠가 가방에 작은 날개를 접어서 넣고 다니다가 하늘을 날고 싶을 때 펼쳐서 팔에 달고 하늘을 날 수 있는 날이 올 수 있기를 기대해 봅니다.

탐색하기

1 어휘 탐색

- ① **압력** : 누르는 힘
- ② **기계공학자** : 기계 장치를 설계 연구하고 만드는 사람
- ③ **전동장치** : 전기의 힘으로 움직이는 기계 장치
- ④ **증폭** : 에너지 크기 등을 확대시킴

2 내용 탐색 : 맞는 내용을 선택하세요.

- ① 팔 힘만으로 하늘을 날기 힘든 이유는 몸이 너무 (크기 / 작기) 때문이다.
- ② 양력은 날개 아래의 압력을 (높여 / 낮춰) 하늘을 날게 하는 힘이다.
- ③ 새는 뼛속이 (비어 있어 / 꽉 차 있어) 하늘을 나는 데 유리하다.

깊이 생각하고 자신의 의견 써 보기

1 전동장치를 사용하지 않고, 팔 힘만으로 날개를 움직여 하늘을 날 수 있는 방법을 생각해 보세요.

2 팔 힘만으로 1시간 동안 하늘을 날 수 있다면 제일 먼저 어디로 날아가고 싶은지 생각해 보세요.

42 집에서 핵폭탄을 만든 사람이 있다

✷ 과학 지식

핵분열 물질을 계속 쪼개면 더 이상 나뉠 수 없는 상태가 되는데 그것을 '원자'라고 해요. 원자는 '핵'이라는 것을 가지고 있어요. 이 원자의 핵에 자극을 주어 분열시키면 그때 에너지가 나와요. 이 에너지를 이용하여 원자력 발전을 하거나 원자폭탄(핵폭탄)을 만들게 되지요.

✷ 과학신문 읽기

만약 개인이 집에서 폭탄을 만든다면 어떻게 될까요? 매우 위험한 일이 벌어지겠지요. 잘못해서 폭발하기라도 한다면 누군가 죽거나 다치는 끔찍한 일이 일어날 거예요.

뒷마당 창고에서 핵폭탄을 만든 시도를 한 사람이 있어요.

1994년 미국에 데이비드 한이라는 청소년이 있었어요. 당시 나이는 겨우 17살, 우리나라 고등학교 2학년 정도 되는 나이였는데 화학실험에 관심이 많았어요. 중학생 나이 때 다이너마이트에 들어가는 물질 성분을 직접 만들 만큼 뛰어난 폭탄 제조 실력을 가졌어요.

일반 물품들에서 핵폭탄 재료를 모았어요.

핵폭탄을 만들기 위해서는 **방사능**이 있는 재료를 구해야 하는데, 그런 물질은 일반인들이 사기 어려웠어요. 그래서 사람들이 쉽게 구할 수 있는 생활용품들을 분해해서 그 안에 있는 방사능 물질을 모았어요. 예를 들면 집에 불이 났을 때 경보를 울리는 화재경보기, 캠핑에서 사용하는 랜턴, 밤에 시간을 볼 수 있는 야광시계 등을 분해하고, 그 안에서 방사능 물질을 수집해서 핵분열 실험을 했어요.

안타깝지만 방사능에 오염되었어요.

핵분열 실험을 위해서는 원자로를 만들어야 해요. 쉽게 말해 끓는 물을 담는 솥이라고 생각하면 돼요. 핵분열을 일으키는 방사능 물질을 원자로에 넣고 자극을 주면 핵분열이 일어나면서 핵폭탄 같은 역할을 하는 거죠. 그런데 원자로에서 핵분열이 일어나면서 방사능이 유출되었어요. 방사능은 몸에 무척 안 좋은 물질이랍니다. 데이비드 한은 몸에 방사능이 오염되고 말았어요. 이에 놀라 급하게 원자로를 다른 장소로 옮기던 중에 경찰에 발견되었어요. 경찰은 모든 핵실험 관련 물질과 장치들을 압수했어요. 방사능에 **피폭**된 데이비드 한은 우울증과 알코올중독에 빠졌고 2016년 39세의 나이에 삶을 마감하게 되었어요.

🔍 탐색하기

1 어휘 탐색

- ❶ **방사능** : 원자가 쪼개지면서 나오는 오염 물질
- ❷ **핵분열** : 원자의 핵이 쪼개어 나누어지는 현상
- ❸ **피폭** : 방사능에 오염된 상태

2 내용 탐색 : 맞는 내용을 선택하세요.

- ❶ 방사능 물질은 신체를 (건강하게 / **오염되게**) 한다.
- ❷ 핵분열을 할 때 발생하는 방사능 물질은 (안전 / **위험**)하다.
- ❸ 집에서 폭탄을 만드는 일은 (권장된다 / **하면 안 된다**)

💡 깊이 생각하고 자신의 의견 써 보기

1. 집에서 폭탄을 만드는 일은 매우 위험해서 하면 안 돼요. 그 밖에도 집에서 호기심으로 하면 안 되는 일들은 무엇이 있을지 생각해 보세요.

_____

_____

_____

2. 핵분열은 좋은 일에 사용하면 원자력 발전소가 되지만 나쁜 일에 사용되면 핵폭탄이 돼요. 내가 관심 갖는 분야가 무엇인지, 그것으로 사람들을 이롭게 하려면 어떻게 해야 하는지 생각해 보세요.

_____

_____

_____

43 총알보다 빠른 자동차가 있다

✹ 과학 지식

마하 비행기, 로켓 등 하늘을 나는 물체의 속도를 나타내는 단위예요. 1초에 340m를 날아갈 때 이것을 '마하 1'이라고 해요. 그런데 왜 1초에 340m를 기준으로 했을까요? 그것은 소리가 공기 중에 퍼져나가는 속도가 1초에 340m이기 때문이에요. 이것을 음속이라고 해요. 즉 '마하 1'보다 빠르다는 것은 소리보다 더 빠르게 날 수 있다는 뜻이에요.

✹ 과학신문 읽기

가장 빠른 자동차를 만들기 위해 노력하는 사람들이 있어요. 지금까지는 '스러스트 SSC'라는 이름을 가진 자동차 기록이 가장 빨라요. 1997년에 **시속** 약 1,228km로 달렸어요. 1초에 약 340m를 달린 거죠. 보통 초등학교 운동장 둘레가 200m 정도이니 이 자동차를 타면 1초에 운동장을 두 바퀴 정도 돌 수 있지요.

제트 비행기 엔진을 사용했어요.

이렇게 음속에 가까운 마하 속도로 빠르게 달릴 수 있었던 이유는 엔진에 있어요. 하늘을 빠르게 날아가는 제트 비행기의 엔진을 달았거든요. 바퀴가 달린 자동차에 제트 엔진이 달린 셈이지요. 아마 날개를 달면 하늘로 날아올라가 버릴지도 몰라요.

너무 빨라서 사막에서 기록을 측정했어요.

너무 빠르게 달려서 일반 자동차가 다니는 도로에서 속도를 측정할 수 없었어요. 그렇게 하다가는 다른 자동차와 '쾅!' 부딪히는 사고가 날 수 있기 때문이지요. 결국 미국의 **네바다주**에 있는 사막에서 속도를 측정했어요. 즉 자동차가 달릴 때 주변에 아무것도 없는 장소를 택한 것이지요. 사막에서만 사용할 수 있는 자동차를 과연 누가 살지 궁금해요.

비행기 조종사가 운전했어요.

자동차이지만 비행기 조종사가 운전을 했어요. 빨라도 너무 빠르기 때문이지요. 공군 전투기에 장착된 제트 엔진이 달린 자동차여서 운전을 하려면 속도감을 견디는 훈련이 된 사람이어야 했어요. 빠르게 달릴 때 몸이 뒤로 엄청나게 밀리는 느낌이 들어요. 잘못하면 기절할 수도 있어요. 사막에서만 달릴 수 있고 전투 비행기 조종을 할 수 있는 사람만 운전할 수 있는 자동차를 왜 만들었는지 궁금하네요. 더욱 놀라운 건 이 자동차의 기록을 깨기 위해서 '블러드하운드 LSR'라는 자동차를 개발 중이라고 해요.

탐색하기

1 어휘 탐색

- ❶ **시속** : 물체가 1시간 동안 이동한 거리를 속도로 표현한 단위
- ❷ **네바다주** : 미국의 서쪽에 위치한 지역

2 내용 탐색 : 맞는 내용을 선택하세요.

- ❶ 최고 속도 자동차 스러스트 SSC는 (스포츠카 운전자 / 비행기 조종사)가 운전을 했다.
- ❷ 최고 속도를 낼 수 있었던 이유는 (잠수함 엔진 / 제트 엔진)을 장착했기 때문이다.

깊이 생각하고 자신의 의견 써 보기

1 일상에서 사용할 수 없는, 빠르기만 한 자동차를 만들기 위해 노력한 이유는 무엇일까요?

___

___

___

2 어떻게 하면 이 자동차를 일상에서 사용할 수 있을지 고민해 보세요.

___

___

___

 44 우리나라도 석유 수출국이다

✷ 과학 지식

원유 땅속에서 바로 뽑아낸 석유를 '원유'라고 해요. 짙은 흑갈색 또는 검정색 구정물처럼 보여요. 석유를 사용하지 않던 옛날에는 사막에서 땅을 파면 나오던 원유를 '죽음의 물'이라고 불렀답니다. 우리 나라에서는 이 원유를 사우디아라비아 같은 중동 지역에서 수입해요.

✷ 과학신문 읽기

우리나라도 약간의 천연가스와 원유를 동해에서 생산하고 있어요. 그리고 더 많은 원유를 찾기 위한 노력을 계속하고 있지요. 하지만 대부분의 원유를 수입에 의존하고 있어요. 놀라운 사실은 대부분의 원유를 수입하면서도 꽤 많은 양의 석유를 수출하고 있어요.

원유는 정제 기술이 필요해요.
중동 지역에서 수입한 원유는 바로 사용할 수 없어요. 정제 과정을 거쳐야 사용할 수 있어요. 원유를 정제해서 **LPG**, 휘발유, 등유, 경유, 중유, 아스팔트 등으로 나누어 뽑아내요. 보통 엄마 아빠가 타고 다니는 자가용에 넣는 휘발유나 경유도 원유를 **정제**해서 만든 석유예요. 도로에 차가 다닐 수 있도록 만든 도로를 아스팔트라고 부르는 이유는 원유를 정제해서 만든 아스팔트로 도로를 덮었기 때문이에요.

원유를 정제하는 기술이 뛰어나요.
우리나라는 원유를 정제하는 기술이 뛰어나요. 처음부터 원유를 정제하는 기술이 뛰어났던 건 아니에요. 정제된 석유를 수입하는 건 너무 많은 비용이 들어서 원유를 수입해서 스스로 정제해서 사용하려는 노력을 한 덕분에 기술력이 발달했어요. 지금은 세계에서 알아주는 기술력을 보유하고 있어요. 똑같아 보이는 석유라도 다 같은 석유가 아니에요. 어떻게 정제했느냐에 따라 품질 좋은 석유로 바뀌는 것이에요.

원유를 정제해서 외국으로 수출하고 있어요.
우리나라는 원유를 수입한 금액의 50% 이상을 정제된 석유를 수출하면서 다시 벌어들이고 있어요. 무려 세계 70여 나라에 원유를 정제한 석유 제품을 수출하고 있답니다. 정제해서 뽑아낸 휘발유, 경유, 항공유, 나프타 등을 수출하고 있는 것이지요. 자원이 부족해도 뛰어난 기술력을 갖고 있다면 얼마든지 외국으로 다시 수출해서 경제적 이익을 가져올 수 있어요.

탐색하기

1 **어휘 탐색**

  ❶ LPG : 원유를 채취할 때 나오는 가스에 압력을 가해 액화시킨 가스
  ❷ 정제 : 화학적 또는 물리적 장치를 통해 순도가 높은 물질로 걸러 내는 과정

2 **내용 탐색 : 맞는 내용을 선택하세요.**

  ❶ 우리나라는 원유를 휘발유, 경유, 아스팔트 등으로 분리하는 (정제 / 결합) 기술이 뛰어나다.
  ❷ 우리나라는 원유를 품질 좋은 석유로 만들어 세계 약 (30개 / 70개) 나라에 수출한다.

깊이 생각하고 자신의 의견 써 보기

1 **원유를 수입하여 정제한 뒤 품질 좋은 석유 제품으로 만들어 수출하듯이, 또 어떤 재료를 수입하여 가공한 뒤 수출하면 좋을지 생각해 보세요.**

2 **내가 다른 친구들보다 잘하는 어떤 기술, 요령, 방법 등이 있다면 적어 보세요. 만약 더 잘하는 것을 잘 모르겠다면 어떤 것을 더 잘하고 싶은지 적어 보세요.**

순간 이동하는 기계를 만들 수 있을까?

✶ 과학 지식

빛의 속도 빛이 이동하는 빠르기를 빛의 속도라고 해요. 광속이라고도 부르지요. 빛은 1초에 299,972,458km를 이동한다고 해요. 엄청 빠르지요. 이는 1초 만에 지구를 일곱 바퀴 돌 수 있는 속도예요.

✶ 과학신문 읽기

많은 과학자가 순간 이동에 대한 고민을 했어요. 예를 들면 대한민국에 있는 내가 그 기계에 들어가서 작동시키면 멀리 아프리카 또는 유럽의 다른 나라에 가 있는 것이지요. 또는 현재의 내가 그 기계에 들어갔다가 나오면 과거 또는 미래에 가 있는 거예요.

이론적으로는 불가능하지 않아요.
물체를 작게 쪼개고 또 쪼개고 계속 자르다 보면 더 이상 쪼갤 수 없는 단계가 돼요. 그것을 원자라고 불러요. 눈에 보이지 않는 가장 작은 물체라고 할 수 있지요. 예를 들어 인간을 그러한 원자 단위까지 쪼갠 후에 빛의 속도로 멀리 이동시키고 그곳에서 다시 그 원자들을 처음처럼 원래대로 똑같이 **배합**할 수 있다면 순간 이동이 가능해지는 것이에요.

현실에서는 실현 불가능에 가까운 일이에요.
이론적으로 가능하다고 해서 현실적으로 이룰 수 있다는 것은 아니에요. 이론과 실제 기술은 엄청난 차이가 있거든요. 우선 사람을 이론처럼 원자 단위로 상처 없이 쪼갤 수가 없어요. 그리고 그 원자를 빛의 속도로 옮기는 것은 불가능해요. 원자 단위까지 쪼개고 빛의 속도로 이동시킬 수 있다고 해도 그 원자를 원래대로 다시 똑같이 붙이는 기술이 없어요.

현실에서는 불가능하지만 연구하고 있어요.
사람의 생각을 컴퓨터 **메모리칩**에 옮겨 놓는 기술을 연구하고 있어요. 그런 연구를 하는 이유는 순간 이동한 몸에 기억들도 옮겨 놓아야 하기 때문이에요. 또는 몸은 이동하지 못하지만 기억을 메모리 장치에 넣어 놓고 멀리 있는 다른 로봇 속에 그 기억을 다운로드할 수 있게 한다면, 그 사람은 로봇 몸으로 다른 공간에서 다양한 경험을 할 수 있는 거죠. 과학자들은 상상하는 일들을 현실 세계에 일어날 수 있도록 오늘도 공부하고 생각하고 실험하고 있답니다.

탐색하기

1 **어휘 탐색**

　① **배합** : 여러 가지 물체를 일정한 양으로 섞어서 합치는 일
　② **메모리칩** : 어떤 자료(사진, 글, 영상 등)를 저장해 두는 장치

2 **내용 탐색** : 맞는 내용을 선택하세요.

　① 순간 이동하는 방법은 이론적으로 (가능하다 / 불가능하다)
　② 나의 모든 기억을 메모리칩에 옮겨 놓을 수 있다면 멀리 있는 로봇에 나의 기억을 넣을 수
　　(있다 / 없다)

깊이 생각하고 자신의 의견 써 보기

1 나에게 순간 이동하는 기계가 있다면 그것을 사용하여 무엇을 하고 싶은가요?

_____

_____

_____

2 나의 기억을 로봇에 옮겨 놓을 수 있다면 그렇게 하고 싶은가요? 하고 싶다면 그 이유는 무엇인가요? 하고 싶지 않다면 그 이유는 무엇인가요?

_____

_____

_____

냄새를 잘 못 맡으면 맛도 잘 느껴지지 않는다

※ 과학 지식

후각장애 냄새를 맡는 데 어려움을 느끼는 장애를 말해요. 코에 있는 후각신경에 문제가 생기면 냄새를 잘 못 맡게 될 수도 있답니다. 맛있는 라면의 냄새를 맡지 못한 채 라면을 먹는다고 상상해 보세요. 후각장애도 삶의 질에 큰 영향을 줄 수 있답니다.

※ 과학신문 읽기

만약 냄새를 맡지 못하게 된다면 어떤 일들이 발생할까요? 냄비에 국을 올려놓고 타는지도 모른 채 계속 끓이고 있을지도 몰라요. 냄새는 우리 일상에서 많은 역할을 하고 있답니다.

맛있는 음식도 덜 맛있게 느껴져요.
코에는 냄새를 맡는 감각신경이 있어요. 혀에는 맛을 느끼는 감각신경이 있고요. 음식을 먹을 때 냄새와 맛 두 정보를 섞어서 뇌에 전달한다고 해요. 그 섞여 있는 신경의 정보를 통해 뇌가 최종적으로 어떤 맛이라고 결정하는 것이지요. 그래서 냄새에 대한 정보 없이 혀에서 느껴지는 **미각**만 뇌에 전달되면, 이전과는 다른 맛으로 느낀다고 해요. 우리가 맛있다 혹은 맛없다고 느껴지는 정보는 혀에서만 전달되는 것이 아니라 코로 맡은 냄새가 함께 전달되어 만들어진 종합적인 느낌인 거예요.

우울한 감정이 더 올라가요.
아름다운 꽃을 보고 그 향기를 느끼면 기분이 좋아져요. 갓 구운 빵의 향기를 맡고 있으면 먹고 싶은 마음과 함께 삶이 풍요롭다고 느끼게 돼요. 냄새를 맡지 못하기 시작하면 싱그러운 향기와 맛있는 향기 등을 느끼지 못하지요. 결국 즐거운 감정의 강도가 약해져요. 그래서 자기도 모르게 **우울**한 마음이 들게 되기도 한답니다.

병에 걸릴 확률도 더 높아져요.
냄새를 잘 맡지 못하면 상한 음식을 구분하기 어려워요. 혹시 상한 우유를 마셔 본 적 있나요? 보통 우유를 마시기 전에 냄새를 맡아 보지요. 상한 우유는 역한 냄새가 나요. 그래서 우유 냄새가 이상하면 마시지 않게 되지요. 만약 냄새를 맡지 못해서 상한 우유를 마시게 되면 배탈이 나겠지요. 이렇게 후각은 우리의 건강한 삶을 위해서도 꼭 필요한 감각이에요. 냄새를 잘 맡을 수 있는 것은 정말 감사한 일이랍니다.

🔍 탐색하기

1 어휘 탐색

❶ **미각** : 맛을 느끼는 감각
❷ **우울** : 즐거움을 잘 느끼지 못하고 기분이 가라앉는 마음

2 내용 탐색 : 맞는 내용을 선택하세요.

❶ 냄새를 맡는 것은 맛에 (영향을 준다 / 영향을 주지 못한다)
❷ 냄새를 맡지 못하면 우울감이 (올라간다 / 낮아진다)

💡 깊이 생각하고 자신의 의견 써 보기

1 냄새를 맡는 후각을 잘 유지하려면 어떻게 해야 할지 조사해 보세요.

---

2 내가 좋아하는 냄새를 떠올릴 때 어떤 느낌이 드는지 적어 보세요.

만약 땀을 흘리지 못하게 된다면

✵ 과학 지식

체온 항상성 우리 신체는 일정한 온도를 유지해야 생명이 유지될 수 있답니다. 체온이 너무 올라가지도 않고 너무 떨어지지도 않게 하는 작용을 체온 항상성이라고 해요.

✵ 과학신문 읽기

더운 여름에는 몸에 땀이 흐르지요. 그런 상태로 바깥에 있다 보면 찝찝하고 빨리 옷을 갈아입고 싶은 생각이 들어요. 문득 땀을 흘리지 않는다면 생활이 더 편리해질 수 있을 것 같다는 생각을 해 본 적 있나요?

땀을 흘리지 않으면 몸에 노폐물이 쌓여요.

땀은 우리 피부의 땀샘이라는 곳에서 나와요. 땀샘 가까이에는 많은 모세혈관이 있어요. 이 모세혈관에서 필요 없어진 노폐물 중 일부를 땀을 통해 배출한답니다. 땀을 흘리고 나면 약간 불쾌한 냄새가 나는 이유는 땀을 통해 배출되는 아주 소량의 암모니아 성분 때문이에요. 땀을 흘리고 나면 꼭 깨끗이 샤워를 하고 잠자리에 드는 것이 우리 피부에 노폐물이 쌓이지 않게 하는 좋은 방법이랍니다.

땀을 흘리지 않으면 신체 온도가 올라가요.

우리 몸은 항상 일정한 온도를 유지하려고 해요. 그 온도는 보통 36.5℃ 정도예요. 그런데 우리 외부 온도는 신체 온도와 달라요. 만약 38℃가 넘는 더운 여름에 햇볕을 쬐고 있다면 우리 몸은 뜨거워질 거예요. 이때 땀을 흘려서 신체 온도를 스스로 낮추어요. 땀이 뜨거운 열을 대신 받아서 기화하는 데 사용하는 거예요. 땀은 99%가 물인데 이 물이 외부로부터의 열을 흡수해 **증발**하면서 우리 몸이 일정한 온도를 유지할 수 있도록 도와준답니다.

땀을 많이 흘리면 적당한 양의 물을 마셔야 해요.

땀은 우리 몸의 노폐물을 내보내고 특히 체온을 일정하게 유지하게 해 주는 아주 중요한 역할을 해요. 하지만 계속 땀을 흘리는 상황에 노출되면 위험해질 수 있어요. 우리 몸의 70%는 수분으로 이루어져 있는데, 땀을 통해 수분이 너무 많이 배출되면 몸의 기능이 제대로 작동하지 않을 수 있어요. 땀을 흘리게 될 경우, 적당한 양의 물을 섭취해 주어야 해요. 땀을 너무 많이 흘렸을 때는 **이온 음료**를 마시는 것이 도움이 된답니다.

🔍 탐색하기

1 어휘 탐색

- ❶ **증발** : 물이 열에너지를 흡수하여 수증기가 되는 현상
- ❷ **이온 음료** : 땀으로 빠져나간 몸의 수분과 땀 속 성분들을 보충해 주는 음료수

2 내용 탐색 : 맞는 내용을 선택하세요.

- ❶ 만약 땀을 흘리지 못한다면 더운 여름에 체온이 (올라간다 / 낮아진다)
- ❷ 땀을 통해 모세혈관의 일부 (노폐물 / 세포막)을 배출한다.

💡 깊이 생각하고 자신의 의견 써 보기

1 땀을 흘리고 며칠 동안 옷을 갈아입지 않는다면 어떻게 될지 생각해 보세요.

___

___

___

2 물속에서도 땀을 흘리는지 조사해 보세요.

___

___

___

48 날아가는 총알을 손으로 잡은 사람이 있다

✳ 과학 지식

등속운동 어떤 물체가 일정한 속도로 일정한 방향으로 움직이는 것을 등속운동이라고 해요. 만약 같은 방향으로 같은 속도로 달리는 두 자동차가 나란히 있다면 운전하는 사람은 옆 자동차 운전자와 인사를 할 수 있어요. 마치 차량이 멈춰 있는 것처럼 두 운전자가 서로를 바라볼 수 있게 되지요.

✳ 과학신문 읽기

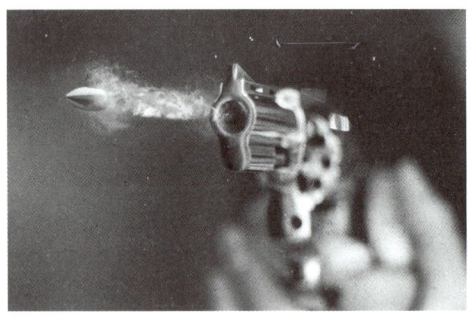

날아가는 총알을 손으로 잡은 사람이 있다면 믿을 수 있나요? 빠른 총알을 잡는다는 것도 불가능한 일이고, 만약 잡았다고 해도 손에 총알이 박혀 버리겠지요. 그런데 그 어려운 일을 해낸 사람이 있어요.

프랑스 공군 조종사가 순찰 비행을 하고 있었어요.
제2차 세계대전 당시 프랑스 공군 조종사가 높은 **고도**로 비행을 하고 있었어요. 독일군의 비행기가 다가오지는 않는지, 육상으로 독일군 전차나 병사들이 이동하지는 않는지 살펴보는 순찰비행을 하고 있었지요. 당시 비행기는 조종사 운전석에 뚜껑이 없었어요. 조종사가 직접 상하 좌우를 살펴보면서 총을 쏘는 비행기였어요. 그때 육상에 있던 독일군 **진지**에서 프랑스 비행기를 향해 기관총을 쏘아 댔어요.

기관총 총알이 조종사 옆으로 지나갔어요.
무척 높은 곳에서 비행을 하고 있던 조종사는 독일군 진지에서 기관총을 쏘는 소리를 듣지 못했어요. 비행기 엔진 소음이 무척 컸기 때문이에요. 평소처럼 순찰 비행을 하고 있었는데 갑자기 얼굴 근처로 뭔가 날아다니는 것을 느꼈어요. 조종사는 자기도 모르게 날아다니는 벌레를 잡듯이 손으로 그것을 잡았어요. 잡고는 깜짝 놀랐어요. 그건 바로 독일군이 쏜 기관총 총알이었어요.

총알이 비행기 속도와 비슷하게 날아갔어요.
프랑스 공군 조종사가 총알을 잡을 수 있었던 이유는 총알이 비행기와 비슷한 속도로 같은 방향으로 날아갔기 때문이에요. 만약 여러분이 기차를 타고 달리고 있는데 새가 같은 속도로 기차 옆을 날고 있다면, 여러분은 새가 기차 옆에 가만히 있다고 느낄 거예요. 창문을 열고 손으로 잡을 수도 있어요. 마찬가지로 프랑스 공군 조종사는 비행기 옆에 비슷한 속도로 날고 있는 총알을 손으로 잡을 수 있었어요.

🔍 탐색하기

1 어휘 탐색

> ❶ **고도** : 땅이나 바다로부터 측정한 높이
> ❷ **진지** : 군인들이 공격하거나 방어하기 위해 설치한 건물

2 내용 탐색 : 맞는 내용을 선택하세요.

> ❶ 등속운동은 어떤 물체가 (다른 / 같은) 속도와 방향으로 움직이는 것을 말한다.
> ❷ 조종사는 (비행기 엔진 소음 / 귀마개) 때문에 기관총 소리를 듣지 못했다.

💡 깊이 생각하고 자신의 의견 써 보기

1 항상 똑같은 속도로 움직이는 물체를 만드는 것이 가능할지 생각해 보세요.

_____

_____

_____

2 똑같은 속도로 두 명의 학생이 달리기를 해서 똑같이 결승점에 도착했어요. 단 한 명에게만 1등 상을 주어야 한다면 어떤 기준으로 뽑을 건가요?

_____

_____

_____

 49 아기의 첫 번째 똥은 검은색이다

✳ 과학 지식

신생아 태어난 지 얼마 안 된 아기를 신생아라고 불러요. 태어난 지 1주일 또는 30일 정도까지 아기예요. 보통 갓난아기라고 부르지요. 처음 아기가 태어나면 얼굴, 몸, 손과 발이 쭈글쭈글하답니다. 신생아는 아직 근육의 힘이 거의 없어서 자기 목을 지탱하지 못해요. 그래서 신생아를 안을 때는 반드시 목을 잘 받치고 조심스럽게 안아 주어야 해요.

✳ 과학신문 읽기

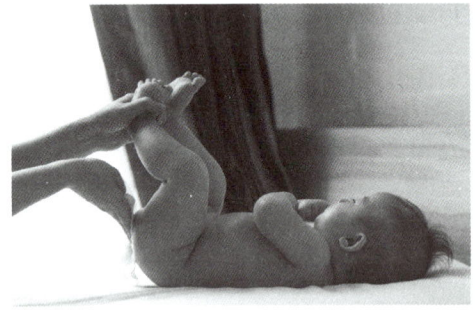

아기가 태어나서 맨 처음 눈 똥은 검은색으로 보인답니다. 짙은 흑갈색이라고 부르기도 하지요. 마치 초콜릿이 녹아내린 것 같은 형태예요. 여러분이 어른이 되어 결혼을 하고 아기를 낳았는데 맨 처음 눈 똥의 색깔이 검정색이라고 해서 놀라지 마세요. 이것은 지극히 정상이랍니다.

태어나서 24시간 이내에 첫 똥을 싸요.
아기는 태어나서 하루 24시간이 지나기 전에 첫 똥을 누지요. 만약 아기가 태어났는데 하루가 지나도 똥을 누지 못한다면 병원에 데리고 가야 해요. **대장** 운동이 잘 안 되거나 어딘가 막혔을 가능성이 있기 때문에 정확한 진단을 받고 조치를 해야 해요.

아기의 첫 번째 똥을 태변이라고 불러요.
아기가 태어나서 첫 번째 똥을 눈다는 것은 건강하다는 의미이기도 해요. 이 첫 번째 똥을 '태변'이라고 불러요. 끈적끈적한 형태로 검은색에 가까운 흑갈색이에요. 아기는 엄마 뱃속에 있으면서 **양수**라고 하는 물속에 머물러요. 그 양수가 아기의 입속으로 들어가기도 하고, 뱃속 태아의 피부를 보호하기 위해 덮여 있던 하얀 기름막 같은 것도 입으로 들어가기도 해요. 이런 것들이 아기의 장에 쌓여 있다가 태어난 뒤 똥으로 나오는 거예요.

아기는 똥을 자주 싸요.
모유를 먹는 아기는 이유식을 먹기 전까지 하루에 3~4번씩 똥을 누는데 이것도 정상적인 모습이에요. 분유를 먹는 경우에는 횟수가 좀 더 적지만 적어도 매일 똥을 누어요. 그래서 엄마 아빠가 하루에도 몇 번씩 아기의 기저귀를 깨끗하게 갈아 주려고 노력하지요. 아기가 똥을 잘 눈다는 건 건강하다는 신호예요. 장운동 및 장내 소화기관이 제대로 작동하고 있다는 뜻이거든요.

🔍 탐색하기

1 어휘 탐색

> ❶ **대장** : 먹은 음식물에서 영양분과 수분을 흡수하는 신체 기관
> ❷ **양수** : 임신했을 때 태아가 머무는, 엄마 뱃속에 가득 차 있는 물

2 내용 탐색 : 맞는 내용을 선택하세요.

> ❶ 아기의 첫 번째 똥은 (황금색 / 흑갈색)이다.
> ❷ 아기가 태어난 지 24시간 안에 똥을 누면 (건강하다는 / 아프다는) 신호이다.

💡 깊이 생각하고 자신의 의견 써 보기

1 인간의 대변을 재활용할 수 있는 방법을 조사해 보세요.

_____

_____

_____

2 건강한 배변 습관을 가지려면 어떻게 해야 하는지 조사해 보세요.

_____

_____

_____

50 사람이 다이아몬드를 만들 수 있다

✵ 과학 지식

기압 공기가 누르는 힘을 기압이라고 해요. 쉽게 말해 가로 1m, 세로 1m, 높이 1m의 정육면체 공간 안에 든 공기의 무게예요. 눈에 보이지 않지만 공기도 무게가 있답니다. 그래서 공기가 들어간 풍선이 아래로 떨어지는 거예요.

✵ 과학신문 읽기

연필심은 '흑연'이라는 물질로 되어 있어요. 흑연은 다이아몬드와 똑같은 성분을 갖고 있어요. 흑연이 아주 깊은 땅속에서 오랜 시간 동안 높은 압력과 고온 상태로 있으면 다이아몬드로 바뀌어요.

인공적으로 다이아몬드를 만드는 실험을 했어요.
1800년대에 많은 과학자가 **인공적**으로 다이아몬드를 만드는 실험을 했어요. 흑연은 주로 '탄소' 성분으로 이루어져 있어요. 이 탄소 물질을 아주 높은 압력으로 누르고, 온도를 높여 주는 거예요. 문제는 높은 압력과 높은 온도 때문에 아주 강한 폭발이 일어나요. 실험하다가 폭발하면 집이 날아갈 만한 위력이었다고 해요.

인공 다이아몬드를 만드는 데 성공했어요.
1900년대에 미국 과학자 트레이시 홀(Tracy Hall)이 인공적으로 다이아몬드를 만들어 내는 데 성공했어요. 그런데 이렇게 만들어진 인공 다이아몬드는 크기가 작았어요. 그리고 아주 높은 고압과 고온을 견디는 비싼 실험 장비를 만들어야 한다는 어려움이 있었어요.

한국에서 일상적인 압력만으로 다이아몬드를 만드는 데 성공했어요.
한국 기초과학연구원(IBS)에서 1기압이라는 낮은 압력만으로 다이아몬드를 만드는 실험에 성공했어요. 그 연구 결과를 2024년 4월 25일 0시(한국시간) 세계적으로 권위 있는 **학술지**인 『네이처(Nature)』에 발표했어요. 기존의 방식은 높은 압력이 필요했지만 1기압은 우리가 일상에서 느끼는 정도의 낮은 압력이에요. 낮은 압력으로 다이아몬드를 만들 수 있다는 말은 큰 다이아몬드를 만들 수 있다는 의미가 돼요. 기술이 더 발전해서 상업화 단계에 이르면 아주 싼 가격으로 커다란 다이아몬드를 살 수 있게 되는 날이 올 거예요.

탐색하기

1 어휘 탐색

- ❶ **인공적** : 사람이 만든
- ❷ **학술지** : 연구 내용을 실은 잡지

2 내용 탐색 : 맞는 내용을 선택하세요.

- ❶ 흑연을 (고압 / 저압)과 높은 온도로 다이아몬드를 만들 수 있다.
- ❷ 한국 기초과학연구원에서 (1기압 / 1,000기압)으로 다이아몬드를 만드는 실험에 성공했다.

깊이 생각하고 자신의 의견 써 보기

1 다이아몬드를 쉽게 만들어 가격이 낮아지면 어떤 일이 발생할까요?

_____
_____
_____

2 산업에서도 다이아몬드가 사용됩니다. 산업에서 어떻게 사용되는지 조사해 보세요.

_____
_____
_____

정답

※색이 있는 단어가 정답이에요.

01 꿀벌은 어디로 사라져 버렸을까?
1. 꿀벌이 사라지면 식물이 열매를 잘 (맺는다 / **맺지 못한다**)
2. 꿀벌을 살리기 위해 농약 사용을 (**줄인다** / 늘린다)
3. 꿀벌을 살리기 위해 헛개나무, 밤나무를 (없앤다 / **심는다**)

02 흰개미 조상이 바퀴벌레라고?
1. 개미의 조상은 벌이 (**맞다** / 아니다)
2. 흰개미의 조상은 벌이 (맞다 / **아니다**)
3. 흰개미는 나무를 (**먹는다** / 먹지 않는다)

03 남극 빙하 속에 동물이 산다
1. 극지방 빙하 속에 살고 있는 물곰은 실험실에서 배양하기 (쉽다 / **어렵다**)
2. 우주과학자들은 '물곰'의 발견을 통해 얼음으로 덮인 행성에 외계생명체가 (**있을** / 없을) 확률을 높였다고 생각한다.
3. 물곰은 엄청 (빠르게 / **느리게**) 움직인다.

04 두려움을 없애 주는 기생충이 있다
1. 기생충 감염은 음식을 (**날것** / 익힌 것)으로 먹었을 때 잘 걸린다.
2. 톡소포자충에 감염된 쥐는 고양이를 (무서워 / **안 무서워**)하게 된다.
3. 산속 야생동물들은 기생충에 감염되는 경우가 (**많다** / 거의 없다)

05 아프다고 느끼는 것은 전기신호다
1. 통증이 천천히 전달되면 생명이 (**위험해질 수 있다** / 안전해진다)
2. 아프다는 느낌은 (**전기신호** / 피)를 통해 전달된다.
3. 전기가 이동하는 속도는 비행기가 이동하는 속도보다 (**빠르다** / 느리다)

06 식물도 사람을 알아본다
1. 식물은 동물이 자신을 잡아먹을 때 (소리로 / **화학물질로**) 주변에 경고신호를 보낸다.
2. 식물이 자신의 잎을 찢은 사람이 다가올 때 (**전기신호를 내보낸다** / 아무 반응이 없다)

07 뜨거운 방귀를 뀌는 벌레가 있다
1. 폭탄먼지벌레가 발사하는 방귀는 무척 (차갑다 / **뜨겁다**)
2. 폭탄먼지벌레는 (맨손 / **장갑을 착용한 손**)으로 잡아야 안전하다.

08 지진이 일어나기 전에 정말 동물들이 먼저 도망갈까?
1. 2010년 캘리포니아 지진 발생 직전에 (개 / **두꺼비**)가 먼저 도망가는 영상이 포착되었다.
2. 과학자들은 지진을 미리 알아채는 동물의 반응을 과학적으로 (밝혀냈다 / **연구하고 있다**)

09 새끼에게 젖을 먹여 키우는 곤충이 있다
1. 껑충거미는 새끼에게 (**젖** / 사냥한 곤충)을 먹인다.
2. 새끼에게 젖을 먹이면 돌보는 기간이 (**길어** / 짧아)지지만 생존율을 높일 수 있다.

10 무서운 메뚜기
1. 메뚜기가 갑자기 늘어난 이유는 (**이상기후** / 유전자 조작) 때문이다.
2. 소말리아에서는 메뚜기떼를 막기 위해 (평화적 대화 / **비상사태**)를 선포했다.

11 붉은 독개미 한국에 상륙하다
1. 세계자연보호연맹(IUCN)에서 붉은 독개미를 (안전한 곤충 / **악성 침입외래종**)으로 정했다.
2. 우리나라에서 붉은 독개미가 발견된 곳은 (**부산 감만항** / 설악산)이다.

12 입에서 접착제를 내뿜어 사냥하는 벌레가 있다
1. 발톱벌레는 (**육식성** / 채식성)이다.
2. 발톱벌레는 다른 벌레를 (달려가서 / **액체를 뿜어내서**) 잡는다.

13 매미를 더 시끄럽게 울게 만든 건 바로 사람이다
1. 매미는 원래 (**낮에만** / 밤에만) 운다.
2. 매미가 우는 이유는 (**짝짓기** / 싸우기) 위해서이다.

14 새는 공룡이다
1. 수각류는 (네 발 / **두 발**)로 걷는 공룡이다.
2. 수각류 공룡의 (**앞다리** / 꼬리)가 날개로 변했다.

15　산에서 소금을 채취한다
❶ 푸른빛을 내는 암염은 (철분 / 황산구리)을(를) 포함하고 있다.
❷ 우리나라는 주로 (염전 / 소금 광산)에서 소금을 채취한다.

16　지구의 많은 물은 어디에서 왔을까?
❶ 천문학자들은 (운석 / 마그마)에서 지구에 물이 공급되고 있다는 가설을 주장했다.
❷ 지질학자들은 (운석 / 마그마)에서 지구에 물이 공급되고 있다는 가설을 주장했다.

17　백두산이 폭발하면 어떻게 될까?
❶ 백두산은 (활화산 / 사화산)이다.
❷ 백두산은 (946년경 / 1950년경)에 대폭발한 기록이 있다.

18　우주선에서 감기에 걸리면 어떻게 될까?
❶ 감기에 걸리면 우주선에 탑승할 수 (있다 / 없다)
❷ 우주선에서 감기에 걸리면 콧물이 코에서 (흘러내린다 / 고인다)
❸ 우주인이 우주선 밖으로 나갈 때는 우주복을 (입는다 / 벗는다)

19　달, 인류 미래 에너지 창고
❶ 달 표면의 흙 속에는 인류에 필요한 광물이 (많다 / 거의 없다)
❷ 헬륨-3를 이용하여 핵 발전을 하면 방사능 오염 물질이 (나온다 / 나오지 않는다)
❸ 우리나라의 첫 달 탐사선 다누리는 달 고도 비행에 (실패했다 / 성공했다)

20　소행성이 지구와 충돌한다면
❶ 소행성이 지구와 충돌하면 폭발이 (일어난다 / 일어나지 않는다)
❷ NASA는 '디모르포스' 소행성에 '다트' 우주선 충돌 실험을 (성공했다 / 실패했다)
❸ '아포시스' 소행성은 2029년경 지구와 아주 (가까워질 / 멀어질) 전망이다.

21　우주는 원래 하나의 점이었다
❶ 우주는 어느 한 점이 (폭발 / 유지)하면서 시작되었다고 예상한다.
❷ 우주가 빅뱅으로 탄생되기 이전의 상황을 과학자들이 (밝혀냈다 / 아직 모른다)
❸ 빛의 속도로 10년 동안 이동한 거리는 (1광년 / 10광년)이다.

22　달에 인간이 누고 온 똥이 있다
❶ 달에 가면 우주인이 버리고 온 인간의 (똥 / 돈)이 있다.
❷ 달에 가서 인간의 똥을 가지고 와야 하는 이유는 (환경보호 / 미생물 연구)를 위해서이다.

23　태양에서 바람이 분다
❶ 태양풍에서 우리가 안전한 이유는 지구의 (자기장 / 바다) 때문이다.
❷ 태양풍으로 인해 지구에서 발사한 인공위성들이 더욱 (안전해진다 / 위험해진다)

24　우주인을 도와주는 꿀벌 로봇이 있다
❶ 꿀벌 로봇 아스트로비는 배터리가 방전되면 (스스로 / 사람이) 충전한다.
❷ 아스트로비의 최종 목적은 (우주인을 돕는 / 스스로 우주 정거장을 관리하는) 것이다.

25　화성 이주 프로젝트가 시작되다
❶ 돌아올 수 없는 화성 이주 신청에 (많은 / 적은) 사람이 신청했다.
❷ 최근 '스페이스 X'에서는 (100명 / 10명)이 탑승할 수 있는 '스타십' 우주 로켓 발사를 시험했다.

26　우주군이 창설되다
❶ 우주는 나라의 안전을 위해 (중요한 공간이다 / 필요 없는 공간이다)
❷ 우리나라에는 우주를 감시하는 군대가 (없다 / 있다)

27　우주 쓰레기 제거 기술을 연구한다
❶ 우주 쓰레기는 (심각한 상황이다 / 염려할 필요가 없다)
❷ 우주 쓰레기는 빠른 속도로 (줄어들고 있다 / 늘어나고 있다)

28 사람의 감정을 읽는 인공지능 AI가 나온다
❶ AI에게 사람의 감정을 학습시키기 위해 (한 개의 / 수백만 개의) 영상을 보여 주었다.
❷ 사람의 감정을 읽을 수 있는 인공지능은 인간 삶에 (많은 / 적은) 영향을 줄 것이다.

29 인간의 뇌를 인공지능과 연결시킨다
❶ 원숭이 뇌에 컴퓨터 칩을 연결하는 것은 (가능하다 / 불가능하다)
❷ 동물보호단체에서는 뇌에 컴퓨터 칩을 연결하는 실험을 적극 (찬성한다 / 반대한다).
❸ 컴퓨터 칩을 뇌에 연결해서 각종 신체 장애를 극복할 가능성이 (있다 / 없다).

30 유전자를 이용해 스스로 빛을 내는 식물을 만든다
❶ 스스로 빛을 내는 버섯에서 (발광 유전자 / 성장 호르몬)를 (을) 추출하여 꽃에 주입하면 빛을 내는 꽃을 만들 수 있다.
❷ 스스로 빛을 내는 식물은 빛의 강도와 색 변화를 관찰하면 관리하기가 더 (쉬워진다 / 어려워진다).

31 몸짱 돼지가 있다
❶ 슈퍼 돼지는 (유전자 조작으로 / 운동량을 늘려) 만들었다.
❷ 슈퍼 돼지는 (지방 / 단백질)이 많다.

32 닭으로 공룡을 만든다
❶ 연구원들이 (닭 / 고양이)의 유전자를 조작하여 공룡의 이빨을 만드는 데 성공했다.
❷ 닭의 유전자를 조작하여 공룡처럼 만든 생명체를 (탄생시켰다 / 탄생시키지 않았다).

33 사람의 뇌를 가진 쥐를 만든다
❶ 오가노이드란 신체 조직과 (똑같다는 / 비슷하다는) 뜻이다.
❷ 스탠퍼드 대학교 연구팀에서 쥐에 이식한 미니뇌는 (성공적으로 안착했다 / 안착하지 못했다).

34 드론이 전쟁의 판도를 바꾼다
❶ 전쟁터에서 드론으로 (폭탄 / 아이스크림)을 떨어뜨려 공격한다.
❷ 폭탄을 떨어뜨리는 방식이 아닌 직접 부딪치면서 폭발하는 드론을 (자폭 드론 / 폭탄 드론)이라고 한다.

35 고무처럼 길게 늘어나는 텔레비전이 나온다
❶ 구부러지는 전자회로 기판으로 다양한 모양의 전자기기를 만들 수 (있다 / 없다).
❷ 한국 기초과학연구원에서 개발한 화면을 고무처럼 늘이는 기술은 화면의 (선명함 / 꺼짐)을 유지했다.

36 지구, 열병에 걸리다
❶ 지구 온난화로 인한 피해는 (이미 시작되었다 / 아직 발생하지 않았다).
❷ 산업이 발전한 이후 지구의 평균 기온은 (매우 느리게 / 매우 빠르게) 올라갔다.
❸ 지구 온난화로 인한 인류의 위험은 (수백 년 후 / 수십 년 후)의 일이다.

37 삼겹살 먹고 남은 돼지기름으로 자동차가 달린다
❶ 돼지기름으로 디젤 자동차를 움직일 수 (있다 / 없다).
❷ 겨울이 되면 돼지기름은 (언다 / 녹는다).
❸ 집에 있는 자가용에 돼지기름을 넣으면 (된다 / 안 된다).

38 소변으로 비누를 만든다
❶ 아주 오래전부터 소변을 이용하여 비누처럼 (사용했다 / 사용하지 않았다).
❷ 소변을 얼리면 비누가 (된다 / 되지 않는다).
❸ 어린이 혼자 소변 비누를 만드는 것은 (위험하다 / 위험하지 않다).

39 플라스틱을 먹는 애벌레가 있다
❶ 미세플라스틱을 먹은 물고기를 사람이 먹으면 몸속에 플라스틱이 (쌓인다 / 배출된다).
❷ 수퍼윔은 (모든 / 일부) 플라스틱을 먹을 수 있다.
❸ 플라스틱을 재활용하는 것으로 환경오염을 예방하는 데 (충분하다 / 부족하다).

40 공부도 중독될 수 있다
❶ 도파민은 행복감을 (느끼게 한다 / 느끼게 하지 않는다).
❷ 스마트폰 게임을 하면 도파민이 (나온다 / 나오지 않는다).
❸ 어려운 일을 도전해서 성취하면 행복한 도파민이 (나온다 / 나오지 않는다).

41 팔에 날개를 달면 하늘을 날 수 있을까?

❶ 팔 힘만으로 하늘을 날기 힘든 이유는 몸이 너무 (크기 / 작기) 때문이다.

❷ 양력은 날개 아래의 압력을 (높여 / 낮춰) 하늘을 날게 하는 힘이다.

❸ 새는 뼛속이 (비어 있어 / 꽉 차 있어) 하늘을 나는 데 유리하다.

42 집에서 핵폭탄을 만든 사람이 있다

❶ 방사능 물질은 신체를 (건강하게 / 오염되게) 한다.

❷ 핵분열을 할 때 발생하는 방사능 물질은 (안전 / 위험)하다.

❸ 집에서 폭탄을 만드는 일은 (권장된다 / 하면 안 된다)

43 총알보다 빠른 자동차가 있다

❶ 최고 속도 자동차 스러스트 SSC는 (스포츠카 운전자 / 비행기 조종사)가 운전을 했다.

❷ 최고 속도를 낼 수 있었던 이유는 (잠수함 엔진 / 제트 엔진)을 장착했기 때문이다.

44 우리나라도 석유 수출국이다

❶ 우리나라는 원유를 휘발유, 경유, 아스팔트 등으로 분리하는 (정제 / 결합) 기술이 뛰어나다.

❷ 우리나라는 원유를 품질 좋은 석유로 만들어 세계 약 (30개 / 70개) 나라에 수출한다.

45 순간 이동하는 기계를 만들 수 있을까?

❶ 순간 이동하는 방법은 이론적으로 (가능하다 / 불가능하다)

❷ 나의 모든 기억을 메모리칩에 옮겨 놓을 수 있다면 멀리 있는 로봇에 나의 기억을 넣을 수 (있다 / 없다)

46 냄새를 잘 못 맡으면 맛도 잘 느껴지지 않는다

❶ 냄새를 맡는 것은 맛에 (영향을 준다 / 영향을 주지 못한다)

❷ 냄새를 맡지 못하면 우울감이 (올라간다 / 낮아진다)

47 만약 땀을 흘리지 못하게 된다면

❶ 만약 땀을 흘리지 못한다면 더운 여름에 체온이 (올라간다 / 낮아진다)

❷ 땀을 통해 모세혈관의 일부 (노폐물 / 세포막)을 배출한다.

48 날아가는 총알을 손으로 잡은 사람이 있다

❶ 등속운동은 어떤 물체가 (다른 / 같은) 속도와 방향으로 움직이는 것을 말한다.

❷ 조종사는 (비행기 엔진 소음 / 귀마개) 때문에 기관총 소리를 듣지 못했다.

49 아기의 첫 번째 똥은 검은색이다

❶ 아기의 첫 번째 똥은 (황금색 / 흑갈색)이다.

❷ 아기가 태어난 지 24시간 안에 똥을 누면 (건강하다는 / 아프다는) 신호이다.

50 사람이 다이아몬드를 만들 수 있다

❶ 흑연을 (고압 / 저압)과 높은 온도로 다이아몬드를 만들 수 있다.

❷ 한국 기초과학연구원에서 (1기압 / 1,000기압)으로 다이아몬드를 만드는 실험에 성공했다.